中国古玉图鉴

ZHONGGUO GUYU TUJIAN
DONGWU ZAOXING YU WENSHI

于卓思 ◎ 编著

动物造型与纹饰

文物出版社

图书在版编目（CIP）数据

中国古玉图鉴. 动物造型与纹饰 / 于卓思编著. --
北京：文物出版社，2021.10
ISBN 978-7-5010-6648-3

Ⅰ．①古… Ⅱ．①于… Ⅲ．①古玉器—中国—图集
Ⅳ．①K876.82

中国版本图书馆CIP数据核字（2020）第031464号

中国古玉图鉴·动物造型与纹饰

编　　著：于卓思

书名题签：孙　机
责任编辑：许海意
装帧设计：谭德毅
责任印制：张道奇

出版发行：文物出版社
社　　址：北京市东城区东直门内北小街2号楼
邮　　编：100007
网　　址：http://www.wenwu.com
经　　销：新华书店
制版印刷：文物出版社印刷厂有限公司
开　　本：889mm×1194mm　1 / 16
印　　张：17.5
版　　次：2021年10月第1版
印　　次：2021年10月第1次印刷
书　　号：ISBN 978-7-5010-6648-3
定　　价：158.00元

参与编写人员

毕　海　张　米

杜晓君　张丽明

序

新春伊始，中国国家博物馆于卓思来寓所看我。谈起她在整理当年国家文物局扬州培训中心古玉鉴定培训班课件基础上，对近年来对日益丰富的出土器标准器进行更深入的温故知新，带领一批年轻学者，编著一套专业的玉器鉴定工具书，并将由文物出版社出版一事，诚情请我为之作序。因我与她和她的家人相知甚早，遂慨然应之。

1960年9月，国务院批复文化部、商业部、外贸部《关于研究执行"关于改变文物商业性质和管理体制的方案"的通知》。我是这个重要文件的起草人之一。从此，外贸部门手里的近40万件文物移交文物部门统一管理。

首要任务，就是对这批接收文物进行分类、鉴定、登记、造册。这些基础工作，对这批文物的价值认知、发挥作用以及如何保护具有重要基础作用。文物分类和文物鉴定是开展文物科学研究的前提。文物鉴定就是要确定文物的年代、真伪和价值。首先是断代和辨伪，其中比较分析是文物鉴定的基本方法，选定若干绝对纪年的标准器或比较可信的、有时代特征的国家馆藏器物作为依据，对照其他待鉴定文物进行比较分析作出判断。随着资料的不断积累、认识的不断深入，标准器的确定也越来越精当。

1979年，国家文物局中国文物商店总店成立，核心任务就是这批文物的接收整理工作。于卓思等一批年轻人由此陆续进入总店。由于文物鉴定专业性很强，总店在全国文博系统内邀请各门类专家亲临现场指导。于卓思分配到玉器库，负责对8万件玉器进行接收、整理，边工作，边学习。1980年，她拜苏州古玉鉴定大家张永昌先生为师，耳濡目染，系统学习了古玉鉴定的专业知识和技艺。张永昌先生关于器物标型学的方法指导，在所承担的鉴定工作中起到了事半功倍的效果，于卓思等一批年轻同志也迅速成长为文博鉴定队伍中的有生力量。

1982年，总店承担的玉器整理鉴定工作结束后，国家文物事业管理局委托总店在山东曲阜举办了两期全国文博系统古玉鉴定培训班。于卓思作为玉器研究班成员，同时还承担了研究班玉器教学标本的拣选工作。在张永昌先生指导下，分不同专题选出300余件玉器实物教学标本。后来培训班将这批实物拓片成册，编选成培训班古玉专业鉴定人员的基础性教材，这套教材使受训学员既能知其然，更能知其所以然，颇受学员欢迎，之后不断丰富修订，沿用至今。于卓思等那批青年人成为那个时期过手文物最多、专业知识功底最扎实的一批新生力量。经此多年历练，张永昌先生晚年特意向国家文物局扬州培训中心推荐由于卓思接班，继续为学员授课。在授课过程中，于卓思根据我国丰富翔实出土玉器资料，勘误更新，增补资料，丰富图文，秉承张永昌先生从造型与纹饰入手研究玉器的传统，系统总结各类玉器的时代特征，对所有发表过的实物资料进行分析比对，并做成课件，以标准器图鉴的方法予以详细解读。之后，于卓思将其授课中的部分类别，带领几位年轻人按照经过特别设计的编撰体例，"归模入臼"，编纂成书，力图建立起古玉造型与纹饰演变的谱系，可谓功莫大焉！

作为老一辈文物工作者，看到于卓思和她团队中的年轻人，不忘前志，忠诚使命，坚守文物阵地，建设美好精神家园，心里甚为欣慰。我们要一如既往，饱含对中华优秀传统文化的深厚情感，担负起民族复兴的重任，谨此愿与各位共勉之。借本书付梓出版之际，向于卓思表示祝贺。

兹缀片言，以为序。

谢辰生

2020年初秋

执笔抵心，以书寄情

——谨以此书献给我的老师张永昌先生

（代自序）

编撰一套古玉鉴定方面的图书，是我从事文物工作和古玉专业以来的一个心愿。遇见恩师张永昌先生和一段不寻常的工作经历于我是天大的幸运，这也使我的人生出现重大转折。我想，命运既予我如此厚爱，要足够努力，才能接得住上天给予的惊喜与机会。由初窥门径，渐渐对古玉产生了浓厚的兴趣，直至热爱。悟性不高，但颇有心得，不敢私享，遂付诸笔端。这是使命，更是应尽的责任。谨以此报答恩师张永昌先生的殷切期许。现在，"中国古玉图鉴"丛书终于要付梓了，看着厚厚一摞书稿，禁不住感慨万千。

我与古玉结缘，始于1980年中国文物商店成立初期我调入总店。当时总店的主要任务是外贸40万件"文留"文物的接收工作。40万件这个量级的文物接收、整理，在我们国家是前所未有的，也是千载难逢的学习机会。总店在全国文博系统聘请各门类顶级鉴定专家亲临指导，同时还在文博系统内召集几十名学员参与具体工作。其时，8万件文留玉器的接收工作，与其他各类文物一起有序地开展起来。我被分配到玉器库当保管员。总店领导吕朗先生引荐我拜古玉鉴定名家张永昌先生为师。我在张老师的引领下边学边干，如饥似渴地学习古玉鉴定知识。张永昌先生与耿宝昌先生是管鲍之交，一玉一瓷，为鉴定界泰山北斗，被誉为"南张北耿"。张先生以其独特的器物标型学的理论方法进行古玉鉴定教学，从古玉造型与纹饰入手，在分类的基础上，以典型器物为例证，手把手地给我们详细讲解重要玉器的玉质、器

1982年山东曲阜玉器研究班课余解惑（左：杨震华，中：张永昌，右：作者）

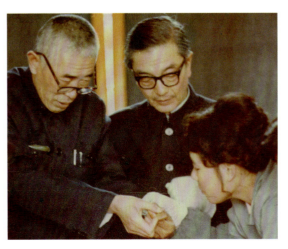

1982年山东曲阜玉器研究班实物课讲解（左：傅大卣，中：张永昌，右：作者）

1982年山东曲阜玉器中级培训班首次登台授课
（左：张永昌，右：作者）

形、纹饰、工艺、功用以及受沁状况，细致辨析同时期玉器的共同特征和不同时期同类玉器之间的发展变化。国家40万件"文留"文物的接收和北京市外贸三间房22吨玉器的拣选两项工作，让我们获得了极为丰富的具体实践，在与大量古玉零距离接触中，进一步加深对古玉器形和纹饰时代特征及其发展演变内在逻辑的理解。就这样，我们当时的那几批学员在各门类文物顶级鉴定专家直接"传帮带"的接收整理中，有幸成为了文博行业中"过手文物最多、见识实物最丰富、鉴定知识最扎实"的新生力量，现在已有几位被聘为国家文物鉴定委员会委员。

1982年，国家文物局在山东曲阜举办了两届文博系统古玉鉴定培训班。那是我第一次参与张永昌先生的教学工作。当时，张先生古玉鉴定理论的讲义已经编定，还需要相

当一部分古玉实物标本作为佐证，而古玉标本的挑选，张先生便鼓励我来做。按照张先生讲义目录中所列的年代顺序与古玉类别，我认真选出300多件古玉教学标本，得到张先生的充分肯定。后来培训班将其拓印、装订成册，附在鉴定讲义后面，便成了新中国以来最早的古玉鉴定图版教材，即扬州培训中心古玉鉴定教材《斑斓璀璨——中国历代古玉纹饰图录》的雏形。如今，市场上有不少关于古玉造型与纹饰的鉴定图书，大多都是在张永昌先生古玉标型学指导下的丰富与发展。

张永昌先生教书育人的"蜡炬"精神始终鼓舞着我。先生一向低调深沉、不善言辞，但一站到讲台上，便会全方位开启激情模式，奋笔疾书，神采飞扬，从理论到实践，借助表情、手势，滔滔不绝，生动形象地讲述着，尽心竭力，恨不能一下子把所有知识灌输给学员们……张先生就是这样呕心沥血几十年，为文物事业培养人才，以致最终积劳成疾，竟在授课中昏倒在讲台上。2007年，他永远地离开了我们。

张先生出身金石世家，曾受业于辅仁大学，又师从卢吴公司经理叶叔重，工书善刻，尤擅玉器鉴定。先生从"熟坑"玉器纹饰入手，以一己之力，创玉器断代鉴定之学，于古玉界有凿破鸿蒙之功。先生忠于职

守，从业66年，鉴宝无数，却从不向市场牟利。先生一心为公，"只口传身授文物部门专业人员"，致力培训廿余载，面授弟子三千余人，培养出一批又一批古玉鉴定专家，自己却没有谋取任何职称；所编写的《古玉浅说》《古代玉雕艺术》《斑斓璀璨——中国历代古玉纹饰图录》等讲义，被业界奉为圭臬，然从不发表以求名利。先生一代贤者，学识渊博，安贫乐道，清俊耿介而又质朴淳良，有古君子之风，卓然而为宗！呜呼！先生已逝；幸哉！道范长存。先生之学问，钻之弥深；先生之精神，仰之弥高。弟子不敏，幸窥堂奥，愿承遗志，精研玉器鉴定之学，投身文博培训之业，以报师恩于万一。

2010年，扬州培训中心朱戢主任来到北京，和我讲起先生教学的种种往事……并说先生曾推荐我去扬州接着给学员们授课。先

在扬州培训中心古玉鉴定培训班课间答疑

生如此期许！惶恐之余我深感责任之重，唯有以先生为精神坐标，努力学着老师的样子，"捧着一颗心来，不带半颗草去"，尽我所能，全力以赴——这也是我立意编撰这套书的初心。

"知易行难"，清人郑板桥论画竹时曾有"眼前之竹""胸中之笔"和"笔下之竹"的论述。这套图鉴的成书，也是我在张先生玉器标形学的指导下，由"眼前之竹"而"胸中之竹"而"口中之竹"而"笔下之竹"的不断修炼过程。讲课，与学生处于同一"气场"，既可即兴发挥，辅以手势、表情，洋洋洒洒，万变不离其宗，也可无声胜有声，意会胜于言传；而著述却是另一回事，于是，从课件及教材中选定五个专题，怎样将专题内容通过某种形式实现一目了然，通俗易懂的效果？如何将"口中之竹"编纂成为"笔下之竹"？在与责任编辑充分探讨和反复研究中，一个崭新的体例终于成形：依五个专题形成五个分册，带领几位年轻有为的学员和同事，将其内容按其体例拆分搭建，对号入座；这个体例在设计中，节点与结构互相支撑，环环相扣，共同构成玉器主题器形发展演变的整体框架。受制于体例、版面，表达需要简洁、明确、规范。无数个日日夜夜，遴选、撰稿、修改……字

斟句酌，反复推敲，以求达到内容与形式的统一，以图鉴的方式构成中国古玉造型与纹饰图谱，进而勾勒出中国古玉器发展变化之主线。

这套书的编撰思路，除以类分册之外，就单册内容而言，则是以时代为单元设章，力图一章反映某一时代玉器造型、纹饰的主要特征。深入到一章内容的编排上，主要有如下几个方面：

既名为"图鉴"，"图"便是本书根本，以图说话，通过对玉器标准器形的解读来再现各时代主要造型、纹饰的时代特征和发展逻辑关系。主图即标准玉器的选取，是其重点，首重出土玉器，要求既能体现某一时代该器类的主要特征，又能够勾前连后反映承前代而来的结果与启后代变化的先声。这类玉器，或用彩图，或用拓片、线图，总以能够突出展示特征为主要考虑，难免有限于资料难以如愿的情况。其次，便是"鉴"，通过简洁的文字，点出标准玉器的基本描述，用"①②③④……"标注出来；并总结出本质特征，用"ABCD……"罗列出来，使读者一目了然。此外，选取一些与主图类似的副图作辅助性图示。

文字说明，既是辅助，也是点睛与总结。主要由三部分构成：时代概况，置于一章之前，介绍某一时代的社会经济生活与文化背景，也包括玉器出土情况的简介；基本信息，随主图而设，标明主图玉器的玉质、尺寸、出土和收藏信息；小结，于每章最后对某一时代该类玉器造型、纹饰的时代特征予以总结，并顺带指出与前后时代造型、纹饰的联系与发展。

编排结构上，一个主图一个小单元，将玉器鉴定知识"碎片化""模块化"，然后按照由主而次方式，将一个时代的各个标准玉器"搭建"（编排）起来，并通过前面时代背景介绍与后面的特征小结将各知识单元拼接起来，搭建成一个相对规整的结构。而各章内容则以时代为序"搭建"（编排）起来，以各类玉器分册综述作为总领，从而有机结合在一起。

整套图书，紧扣玉器造型纹饰，详细鉴别，详细解说，唯期能承袭张永昌先生玉器标形学主旨，收抛砖引玉之效，以告慰先生。虽蹉跎七年磨此一剑，也难免有理解舛误、辞不达意之处，实属我等学浅笔弱，尚求方家赐教斧正，将不胜感激！

于宇思

2021年仲秋

目 录

综　述

中国玉器历史悠久，目前我国考古发现最早的玉器是黑龙江饶河小南山遗址出土的玉璧、玉环等，距今约9000余年。在这近万年的玉器发展历程中，玉器不仅是实用品和装饰物，而且在宗教、礼仪、政治道德观等诸多方面扮演着重要角色。尤其是到了周代，玉器的使用有着严格的等级和规范制度。《左传》中曾记载："匹夫无罪，怀璧其罪。"随着时代的不断变迁，玉器的使用也逐渐走向世俗化，摆脱了礼仪、宗教、等级观念的束缚，成为美好的象征。

艺术来源于生活，从古至今人们始终是把自然界和生活中美好的事物加以升华，并用各种方式进行描绘与表现。在玉器发展历史长河中，纹饰最早出现在新石器时期。早期主要是一些简单的几何纹饰，至新石器时期晚期出现一些简单的动物形象，如龟、鸟、兔、虎头等等。新石器时期动物造型玉器大多刻划简单抽象，体现出先民对于自然界认识懵懂的、莫名的畏惧和虔诚的崇拜。

商周时期，随着原始氏族制度的解体、奴隶制国家的建立以及礼仪制度的逐步完善，此时期玉器也随之发生了较大的变化，商周玉器逐渐成了贵族阶层显示身份地位甚至是王权的信物。商周时期动物造型玉器主要有圆雕和片状两大类别，两种均是夸张主题动物的主要特征及轮廓。此时期动物造型玉器取材于自然，而又不完全拘泥于自然形象，雕刻者们发挥丰富的想象力，使其更具神奇的色彩。

春秋战国时期，人们的思想意识、审美观念均随着社会的发展，生产工具的变革发生变化。此时期的玉雕作品已不再单单是对神权的崇拜，已成为封建贵族标榜身份、地位和财富的象征。儒家学说对玉的解释和推崇，给古玉戴上了品行高尚的桂冠。此时期的动物玉器造型大多抽象、装饰繁复华丽，利于人们佩戴装饰，更加贴近生活。战国时期开始出现立体圆雕写实动物，如山东省曲阜市鲁国故城3号墓出土的站立式玉马。

两汉时期是中国封建社会相对稳定发展的历史阶段，社会经济、意识形态发生了变化，以儒治国的大背景下，道教勃兴，服食养生、羽化登天，成了社会风尚，至晚期甚至出现了儒道合流的玄学。此时期玉器制作同样受这种社会意识的影响，出现了羽化登天的题材。其中动物题材玉雕，相比前朝的抽象繁复华丽，更加饱满和写实，除了传统的动物形象外，更是出现了天马、辟邪等题材，这些玉雕作品基本形象来源于自然，但它们生出双翅，长出羽翼，变成能够承载和助人升仙的神兽，从而体现出自由奔放的浪漫主义色彩。

　　魏晋南北朝时期是中国历史上重要变革时期。随着玄学和佛教的盛行，各种雕刻绘画技术日趋成熟，出现了许多举世闻名的石窟艺术与造像艺术杰作，如云冈石窟、龙门石窟等等。然而这一时期的玉雕作品受到佛教艺术和石刻艺术的冲击，无论从质量还是数量上都大不如前，出土玉器作品少之又少，动物题材玉器大多为效仿汉代玉器制作。

　　隋唐时期国力强盛，经济实力雄厚，文学艺术发达。在这良好的社会背景下，玉器艺术再度展现出新的风貌，达到历史的新高度。此时期动物题材玉器作品一扫过去图案化、抽象化、神秘化的风格。隋唐时期动物题材玉器面向生活，把大自然中的花鸟鱼虫、飞禽走兽一并选入画面，刻划得丰满可爱，形神兼备，具有浓厚的生活气息和时代风格。

　　宋辽金元时期，从玉器制作工艺发展来看，中原汉文化以及北方草原文化的民族玉器均特点鲜明，但是几个地域间在玉器制作上互有交流，相互融合。宋、辽时期玉雕动物题材玉器结构准确，写实性强，均形神兼备，刻划琢磨得十分细致。金、元时期最具特色的玉雕作品莫过于春水秋山题材玉器。其中秋山题材玉器，表现弋猎景象，图案多由树木花鸟和蹲卧或行走的猛虎，奔跑跳跃的小鹿组成。元代玉器细部少有修饰，刀工粗犷，深具北方民族的个性特点。

　　明清时期随着社会的不断发展，中国玉器逐渐形成了一种追求奢华、精雕细琢磨的装饰风格。此时期的动物题材玉器丰富广泛，大多是生活中常见的动物形象，雕刻手法极其写实。明清时期富有民族特色的吉祥图案极为盛行，寓意丰富，构思巧妙，许多动物题材玉器都与这些吉祥图案相伴，从而使玉雕作品达到"图必有意，意必吉祥"。其目的是反映了明清时期人们的审美意识，表达了人们对于美好生活的向往和追求。

新石器时期动物造型与纹饰

简述

  在新石器时代玉雕作品中，动物题材就已出现，由于人们对动物认识仍处于模糊不解，生产工具、制玉水平还很落后原始，玉器造型纹饰大多比较简单抽象。这一时期比较常见的动物题材有河南省偃师市二里头遗址出土的微雕玉虎、湖北省天门市石家河文化的虎头形玉器、湖北省天门市石河肖家屋脊出土的滑石鹿头、安徽含山凌家滩遗址10号墓出土的玉兔、安徽省含山县凌家滩遗址出土的玉猪等。

主图1
玉猪龙首

新石器时期红山文化。淡绿色玉质。高3.5、宽4.5厘米。现藏于天津博物馆。

◎ 器物详解

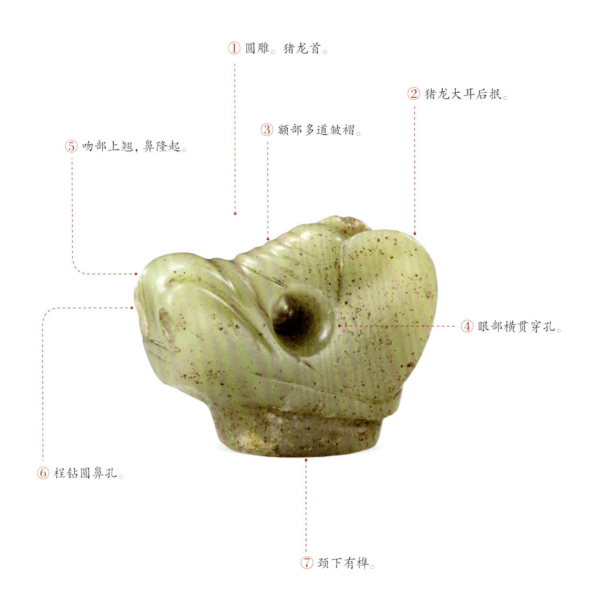

① 圆雕。猪龙首。

② 猪龙大耳后抿。

③ 额部多道皱褶。

⑤ 吻部上翘，鼻隆起。

④ 眼部横贯穿孔。

⑥ 桯钻圆鼻孔。

⑦ 颈下有榫。

◎ 主要特征

A. 玉猪龙首大耳，大眼，额部多皱褶，吻部前伸，饰鼻孔。

B. 工艺简洁、粗犷。

C. 淡绿色老岫岩玉质。

D. 整体与红山文化玉猪龙头部特征相似。

主图2

玉异兽

新石器时期红山文化。淡黄色玉质，背面带有褐红色沁斑。高4.3、宽2.2厘米。现藏于天津博物馆。

◎ **器物详解**

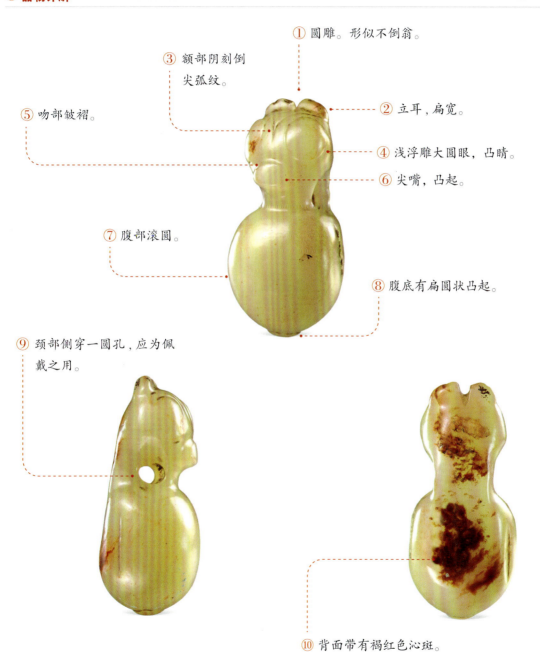

① 圆雕。形似不倒翁。

③ 额部阴刻倒尖弧纹。

⑤ 吻部皱褶。

② 立耳，扁宽。

④ 浅浮雕大圆眼，凸睛。

⑥ 尖嘴，凸起。

⑦ 腹部滚圆。

⑧ 腹底有扁圆状凸起。

⑨ 颈部侧穿一圆孔，应为佩戴之用。

⑩ 背面带有褐红色沁斑。

◎ **主要特征**

A. 大圆眼与史前玉猪龙眼形有相似之处。造型简练，有红山文化动物类造型风格。

B. 马蹄形对穿孔，孔内光亮。

C. 老岫岩玉玉质。

主图 3
玉微雕卧虎

二里头文化。青色玉质。长 0.9、高 0.5 厘米。河南省偃师市二里头遗址出土，现藏于洛阳博物馆。

◎ 器物详解

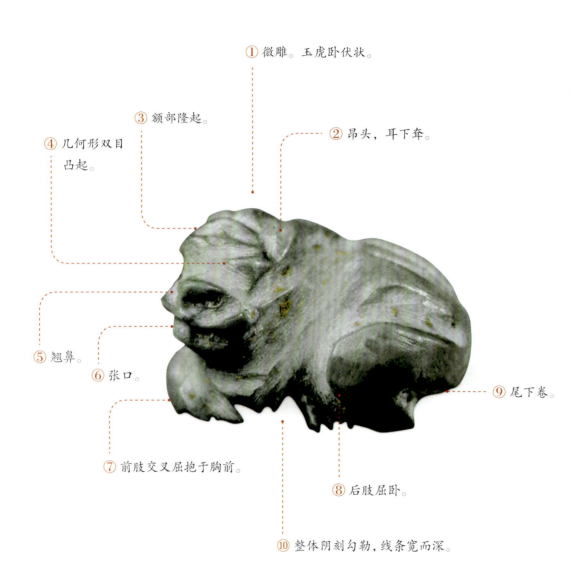

① 微雕。玉虎卧伏状。

③ 额部隆起。

② 昂头，耳下耷。

④ 几何形双目凸起。

⑤ 翘鼻。

⑥ 张口。

⑨ 尾下卷。

⑦ 前肢交叉屈抱于胸前。

⑧ 后肢屈卧。

⑩ 整体阴刻勾勒，线条宽而深。

副图 1　虎形玉璜　新石器时代
青灰色。长 10.7、宽 1.3 厘米。现
藏于天津博物馆。

◎ **主要特征**

A. 微雕玉虎应为迄今为止最
　　早的玉器微雕作品。

B. 玉虎身体比例适当，写意

风格，粗犷传神。

C. 阴刻勾勒，线条宽而深，工
　　艺简洁，粗糙，均是新石器

时代微雕玉虎的工艺特点。

主图 4
玉虎头像

石家河文化。黄绿玉质。高 2.2、宽 2.9。湖北省天门市石家河肖家屋脊遗址 6 号瓮棺出土，现藏于天津博物馆。

◎ **器物详解**

① 圆雕。虎头呈管形。

② 耳廓厚，似猫耳。耳窝内有一盲孔圆坑。

④ 方形眼，下眼睑略奔。

③ 眉骨、颧骨外撇鼓凸。

⑤ 鼻头延至底端。

⑦ 口为长方形穿孔，与两侧穿孔形成三通。

⑥ 两侧对钻孔，左右贯通。

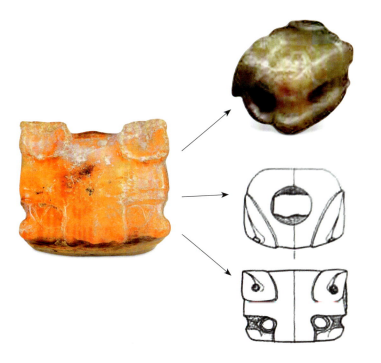

副图2 虎面形玉饰 石家河文化
　黄色玉质。高2.8、宽3.6、厚1.1厘米。
湖北省江陵县马山镇枣林岗出土，现
藏于荆州博物馆。

副图3 虎面形玉饰 石家河文化
　黄绿玉质。高2.1、宽3.6、厚0.4
厘米。湖北省天门市石家河肖家
屋脊遗址6号瓮棺出土，现藏于
荆州博物馆。

◎ **主要特征**

A. 玉虎头像是石家河文化标志形器物，遗址中多有出土。形式上分立体和平面两大类。该器为立体虎头像，圆雕，管状。

B. 立体管状虎头像耳廓厚，猫耳，耳涡有一盲孔圆坑，而板状则将圆坑穿透成孔。

C. 鼻子长且凸出底端。

D. 圆雕管状虎头像脸颊两侧均有横向穿孔。除此之外，口下还有纵向长方形穿孔，与两侧穿孔贯通，实为三通孔。如湖北枣林岗出土的虎头像（副图2）。

主图5

玉虎头像

石家河文化。黄绿色玉质。长 3.5、宽 2.2、厚 0.4 厘米。湖北省天门市石家河肖家屋脊遗址 6 号瓮棺出土，现藏于荆州博物馆。

◎ **器物详解**

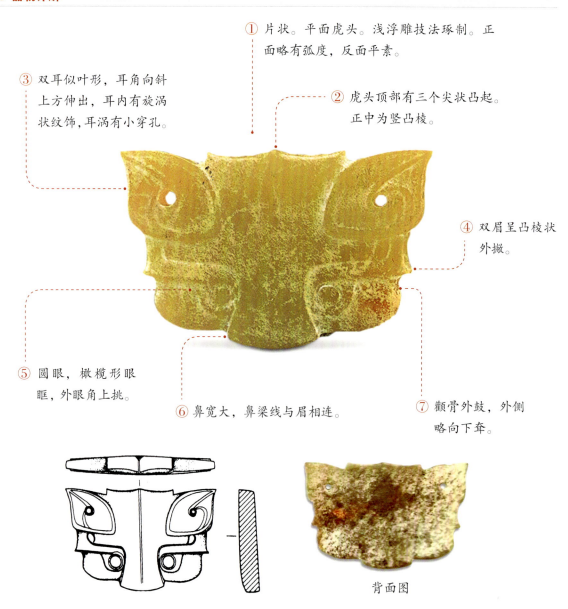

① 片状。平面虎头。浅浮雕技法琢制。正面略有弧度，反面平素。

② 虎头顶部有三个尖状凸起。正中为竖凸棱。

③ 双耳似叶形，耳角向斜上方伸出，耳内有旋涡状纹饰，耳涡有小穿孔。

④ 双眉呈凸棱状外撇。

⑤ 圆眼，橄榄形眼眶，外眼角上挑。

⑥ 鼻宽大，鼻梁线与眉相连。

⑦ 颧骨外鼓，外侧略向下耷。

背面图

◎ **主要特征**

A. 片状虎头像正面略有弧度，背后光素。是石家河玉虎头像的另一种造型。

B. 玉虎头顶部微隆或尖凸。

C. 虎面多为浅浮雕五官，眼眉呈凸棱状，颧骨外鼓。

D. 片状虎头像双耳儿正中多有穿孔，有的耳内饰旋涡状纹。

E. 圆眼或橄榄形眼，眼眶紧贴鼻梁两侧，外眼角上挑等，均是此时期玉虎头像的主要特征。

主图6
滑石鹿首形饰

石家河文化。乳白色。高6.5、宽5.5、厚1.0厘米。湖北省天门市石河肖家屋脊出土，现藏于荆州博物馆。

◎ **器物详解**

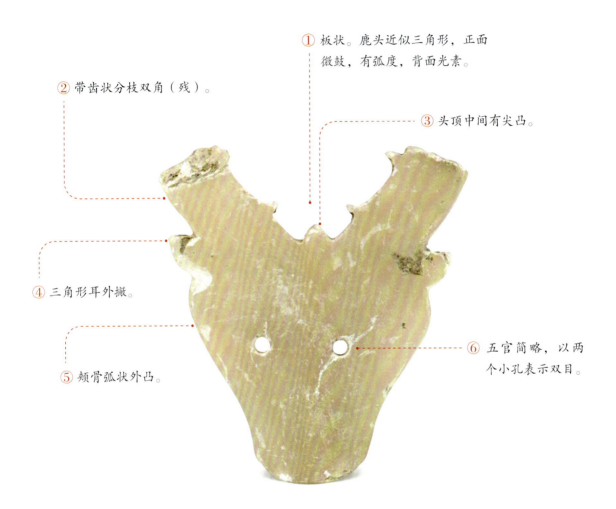

① 板状。鹿头近似三角形，正面微鼓，有弧度，背面光素。

② 带齿状分枝双角（残）。

③ 头顶中间有尖凸。

④ 三角形耳外撇。

⑤ 颊骨弧状外凸。

⑥ 五官简略，以两个小孔表示双目。

◎ **主要特征**

A. 鹿头正面微鼓，背面光素，与石家河文化片状虎头像造型相似。

B. 头顶中间有尖凸是石家河文化动物类头部的共同特点。

C. 以盲孔和圆孔饰眼是史前肖生玉共同特征，并影响后代。

主图7
玉卧兔形饰

凌家滩文化。灰白色玉质。长 6.8、高 1.9、厚 0.2 厘米。安徽省含山凌家滩遗址 10 号墓出土，现藏于安徽省文物考古研究所。

◎ **器物详解**

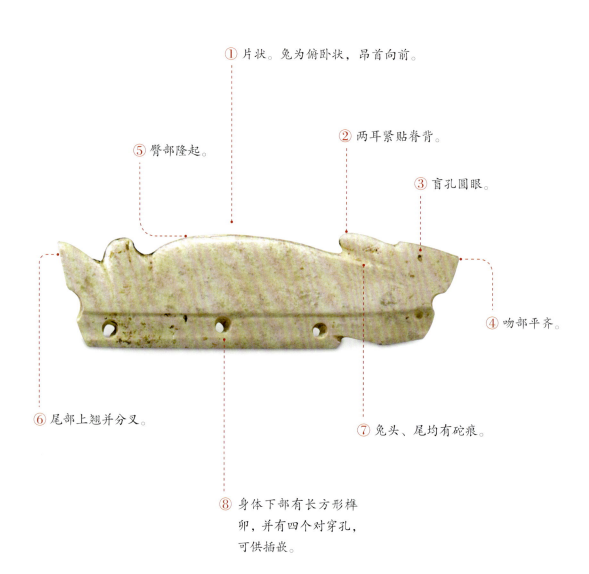

① 片状。兔为俯卧状，昂首向前。

② 两耳紧贴脊背。

③ 盲孔圆眼。

⑤ 臀部隆起。

④ 吻部平齐。

⑥ 尾部上翘并分叉。

⑦ 兔头、尾均有砣痕。

⑧ 身体下部有长方形榫卯，并有四个对穿孔，可供插嵌。

◎ **主要特征**

A. 玉质呈鸡骨白色，是凌家滩文化及良渚文化玉质特征。

B. 造型简单、抽象，是凌家滩文化玉雕动物的时代特征。

C. 圆形盲孔，是史前动物类用于耳蜗，眼睛的常见技法。

D. 此时期的工艺，往往在器物上留有砣痕。

主图8
玛瑙猪形饰

凌家滩文化。长6.9、高2.7、厚1.3厘米。安徽省含山县凌家滩遗址出土，现藏于安徽省文物考古研究所。

◎ **器物详解**

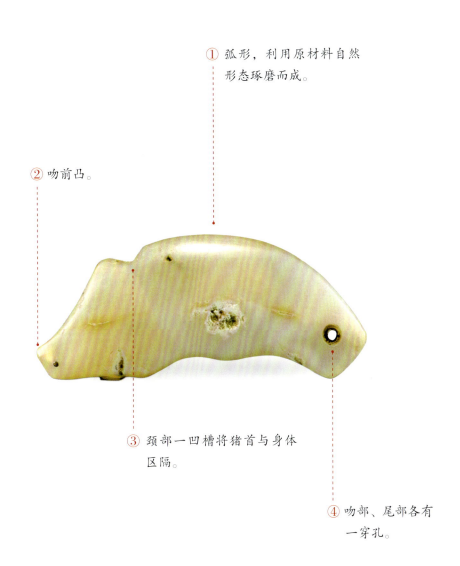

① 弧形，利用原材料自然形态琢磨而成。

② 吻前凸。

③ 颈部一凹槽将猪首与身体区隔。

④ 吻部、尾部各有一穿孔。

◎ **主要特征**

A. 利用原材料的自然形态琢磨成器，是新石器时期直至商代因材施器的工艺特征。

B. 简约、粗放是凌家滩动物题材的共同特征。

小结

1. 整体造型

新石器时期玉雕动物整体造型较为抽象，除少数整体造型外多为动物头部造型。其中比较特殊的是河南省偃师市二里头遗址出土的微雕玉虎。此器造型比例适当，粗犷传神，应为迄今为止最早的微雕肖生题材玉器。

2. 头部造型和纹饰

石家河文化玉虎头像是新石器时期有代表性的作品。

圆雕管状虎头像耳蜗为圆形盲孔，眼睛为圆眼或橄榄形眼，眼眶紧贴鼻梁两侧，外眼角上挑，眼眉呈凸棱状，颧骨外鼓。鼻子较长，凸出底端。玉虎脸侧面有对穿孔，左右贯通，口部还有一纵向穿孔，与左右贯穿孔形成三通。

片状玉虎头像正面均略有弧度，反面平素。虎头头顶有尖凸，有的耳内有旋涡状纹。

双耳儿正中有穿孔。

玉雕动物头部，五官刻划抽象，动物头顶中部多有尖凸。耳朵立于头顶或贴于头后。眼睛多为圆眼、盲孔圆坑眼、橄榄形眼、几何形眼。

3. 躯体造型和纹饰

玉雕动物身体比例适当，写意风格，粗犷传神，无其余装饰纹饰。

4. 纹饰和工艺

此时期玉雕动物简单抽象，除简单刻划五官四肢外无其余纹饰。

在此时期玉雕动物工艺上繁简不一，部分常利用原材料自然形态琢磨成器，部分以浅浮雕技法雕刻五官。微雕动物整体阴刻勾勒，线条宽、深，工艺简洁，粗糙，身体颈部、四肢、尾部常留有砣痕。

商代动物造型与纹饰

简述

　　据史料记载，商代承继了东夷族人崇尚动物、以动物为主要描写对象的文化传统，出现了大量的动物题材玉雕，约有数十种动物造型。在出土的众多商代动物玉雕中，以河南、山东、山西地区出土的动物玉雕作品种类最为丰富，用料精良，工艺精湛。其中，比较重要的出土地点有河南省安阳市妇好墓、山东省滕州市前掌大遗址、河南省鹿邑县太清宫长子口墓、山西省灵石县旌介村2号墓等。

主图 1

玉双勾云纹虎形佩

商代晚期。深褐色玉质。长 18.1、宽 3.6、厚 0.9 厘米。河南省安阳市妇好墓出土，现藏于中国历史研究院考古研究所。

◎ **器物详解**

① 板状，虎肩部微微隆起，背微凹，呈俯卧状。

② 阴刻叶形耳，耳后伏，贴于脑后。

③ 以圆孔饰眼，外缘饰单阴线。

⑥ 虎四肢屈于身下，阴线雕出虎爪。

④ 张口，错齿，口内锯齿状，有齿痕。

⑤ 耸肩，颈部有一孔。

⑦ 虎身饰双阴刻双勾云纹。

⑧ 关节处饰大螺旋纹。

⑨ 颈部及尾部饰重环纹。

副图 1　虎形玉佩　商代晚期

黄色玉质。上：长 6.25、宽 2、厚 0.45 厘米；下：长 6、宽 2.18、厚 0.5 厘米，山东省滕州市前掌大 38 号墓出土，现藏于中国历史研究院考古研究所。

◎ **主要特征**

A. 板状 / 片状玉虎是商代玉虎形制之一。

B. 商代板状 / 片状玉虎多为叶形耳，耳紧贴脑后。

C. 圆孔饰眼或口是史前动物类器物特有装饰方式，商代沿袭遗风，进而有眼外缘用单阴线修饰。

D. 玉虎尾部向后直伸，不回卷，应是表现动态中玉虎的造型，是商代板状 / 片状玉虎尾部的表现形式之一。

E. 重环纹是商代动物在颈部、尾部常见装饰，特别是动物颈部常见单独重环纹。

F. 大螺旋纹或变形勾云纹是商代肖生玉关节处特有装饰。

G. 双勾阴线是商代典型工艺特征。

主图2
玉双勾云纹虎形佩

商代晚期。绿色玉质。长13.3、厚0.5厘米。河南省安阳市妇好墓出土，现藏于中国历史研究院考古研究所。

◎ **器物详解**

① 板状，虎呈匍匐状。

② 玉虎头略方，昂首。

③ 叶形耳。

④ "臣"字眼。

⑤ 口大张，错齿，管钻齿痕。

⑥ 四肢屈于身下。

⑦ 颈部双阴刻重环纹。

⑧ 全身及关节处双阴刻双勾云纹。

⑨ 尾部上翘回卷成圈，双阴刻尖弧纹。

⑩ 眼角近额部一孔，可供系挂。

◎ **副图**

副图 2　虎形玉佩　商代晚期

青色玉质。长 8.41、厚 0.27 厘米。河南省安
阳市刘家庄出土，现藏于中国历史研究院考
古研究所。

副图 3　虎形玉佩　商代晚期

青色玉质。长 6、高 2.95、厚 0.23 厘米。山
东省滕州市前掌大 128 号墓出土，现藏于中
国历史研究院考古研究所。

◎ **主要特征**

A. 商代"臣"字眼眼梢不出
眼眶，这是商与周代"臣"
字眼的重要区别。

B. 错齿，以管钻牙齿，是商
代玉虎口部特征。

C. 颈部饰重环纹，身体饰变
双勾云纹，尾部饰尖弧纹，
是商代动物类玉器的表现
纹饰。

D. 以双勾线技法雕琢器物是
商代典型工艺特征。

E. 尾部上卷成圈，是商代片 /
板状动物尾部的表现形式
之一。相对直尾，圆圈尾
更为多见。

主图 3
玉弦纹虎形佩

商代晚期。绿色玉质。长 7.02、高 2.95、厚 1.11 厘米。山东省滕州市前掌大 120 号墓出土，现藏于中国历史研究院考古研究所。

◎ **器物详解**

① 圆雕。虎四肢腾起，似奔跑状。

② 虎头向前，耳厚且圆，竖立。

③ 长方形方块眼，眼球外凸。

④ 浅浮雕直鼻。

⑤ 张口错齿，管钻痕迹。

⑥ 虎身及尾部饰弦纹，表示虎皮。

⑦ 四肢关节处饰大螺旋纹。

⑧ 尾尖回卷呈圈孔。

⑨ 口、足、尾部有穿孔，可供系挂。

副图 4　虎形玉佩　商代晚期
黄绿色玉质。长 6.9、高 1.82、厚 0.5 厘米。
山东省滕州市前掌大 221 号墓出土，现藏于
中国历史研究院考古研究所。

副图 5　虎形玉佩　商代
纯白色，有浅褐色沁。长 6.1、宽 1.7 厘米。
现藏于天津博物馆。

◎ 主要特征

A. 商代玉虎身体多为前宽后
窄、前高后矮的造型。

B. 商代圆雕玉虎耳圆且厚，
多为竖立。

C. 长方形方块眼，是商代肖
生玉的眼形之一。

D. 虎身用砣具打磨出弦纹，
表示虎皮。此种纹饰及雕
刻技法商代并不多见。

玉双勾云纹虎首踞坐人

商代晚期。黄绿色玉质。高 5、宽 2.5、厚 2.8 厘米。河南省鹿邑县太清宫长子口墓出土，现藏于河南省文物考古研究院。

◎ 器物详解

① 圆雕。虎首踞坐玉人。正反两面，其造型迥异，正面为虎首，反面为鸮首。

② 正面为虎首人身。虎头高昂，半圆形厚耳竖立，前倾。

⑤ 脸颊刻一条阴线表示上翘胡须。

③ 双阴线勾勒方框眼。

④ 鼻以短小阴线表示。

⑦ 锯齿形口，大张，上下各有七齿，上下齿均向内勾。

⑥ 脸颊下端有一较深凹槽，勾勒上唇轮廓。

⑧ 胸前双勾云纹。

⑨ 上肢关节处阴刻变形螺旋纹。

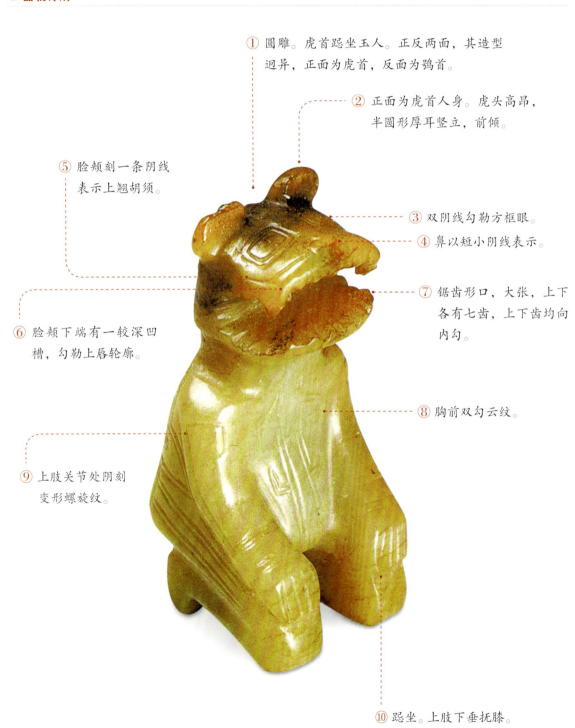

⑩ 踞坐。上肢下垂抚膝。手指以阴刻线表示。

⑪ 反面呈蹲伏状。

⑫ 正面虎耳、背面
为鸮耳，耳后倾。

⑬ 双勾方框眼，凸睛。

⑭ 钩喙，喙下有一
圆形横向穿孔。

⑮ 阴刻线弧形大口。

⑯ 通体双勾云纹。

◎ **主要特征**

A. 商代圆雕虎首跽坐人，是商代复合型肖生类器物，复合型肖生类器物始出于新石器时期，商代沿袭，盛行于西周。

B. 方框眼是此时期商代肖生玉眼形之一。

C. 商代圆雕和片／板状玉虎多张口错齿，口内常有菱形凹槽管钻痕迹。玉虎通常以管钻圆孔表示张口，这是商代动物形玉器口部典型特征。

D. 商代虎首跽坐玉人，通体双勾云纹，是商代晚期肖生类玉器普遍出现的装饰纹样。

E. 玉虎首跽坐人是目前为止商代晚期唯一一件圆雕虎、鸮、人复合型玉器，造型独特，内涵丰富，是罕见的商代玉器珍品。

主图5
玉双勾云纹卧虎

商代晚期。深绿色玉质。高 4.3、长 11.7 厘米。河南省安阳市妇好墓出土，现藏于中国历史研究院考古研究所。

◎ **器物详解**

① 圆雕，玉虎为伏卧状。

② 方头，双耳呈立体三角形，竖立。

③ "臣"字眼，眼角、眼梢阴线不出眼眶。

④ 直鼻。

⑤ 脸颊饰两道阴刻线，表示胡须。

⑥ 张口露齿，有管钻痕迹。

⑦ 四肢前屈，四爪团握。

⑧ 虎背微凹，肩部隆起。身侧饰双勾云纹。

⑨ 虎背饰尖弧纹。

⑩ 四肢关节处饰大螺旋纹。

⑪ 尾部饰尖弧纹。

⑫ 尾下垂，尾尖上卷呈圆孔。

◎ **副图**

副图 6　虎形玉佩　商代晚期
青黄色玉质。长 5.27、高 3.12、厚 1.76 厘米。
河南省安阳市孝民屯出土，现藏于中国历史
研究院考古研究所。

副图 7　虎形玉佩　商代晚期
青色玉质。长 3.8 厘米。山西省灵石
县旌介村 2 号墓出土，现藏于山西
省考古研院。

副图 8　虎形玉佩　商代
1 对 2 件。青质淡绿色泛灰。均高
0.8、长 7.9、宽 0.7 厘米。现藏于
天津博物馆。

◎ **主要特征**

A. 商代俯卧状玉虎，四肢紧贴腹部，四肢与腹部间隔相对较小。

B. 圆雕玉虎双耳大且厚，多为立体三角形或半圆形。多为竖立状。

C. "臣"字眼是商代肖生玉典型眼形。

D. 双勾云纹、螺旋纹、尖弧纹为此期几种常见纹饰。

E. 四肢关节处饰螺旋纹，这是商代动物关节处的装饰特点。对后代影响颇深。

F. 双勾阴刻是商代典型工艺技法。

G. 尾部回卷成孔是商代动物类尾部的共同特征。

玉回首鹿形佩

商代晚期。豆绿色玉质。高 5.4、宽 4.3、厚 0.5 厘米。山东省滕州前掌大商代遗址 3 号墓出土，现藏于中国历史研究院考古研究所。

◎ **器物详解**

① 板状。玉鹿，站立回首状，身体肥硕。

② 双角枝杈状错落，繁茂。

③ 曲颈。

④ 圆圈眼。

⑤ 口微张，阴刻线饰鼻、口。

⑥ 后腿微屈，牛蹄足。

⑦ 后臀翘起，小尾。

⑧ 颈部有圆孔，可供系挂。

◎ **主要特征**

A. 商代玉鹿以片/板状为主。

B. 玉鹿造型多为回首状。

C. 鹿角两叉分开，一叉竖立，一叉微奉。

D. 圆圈眼是商代晚期动物类眼形之一。

E. 商代晚期玉鹿开始出现蹄形足。

F. 商代片/板状动物类玉器多以简单阴线勾勒前、后肢，以此手法作为肢体的区隔，身体大多光素。

G. 商代片/板状动物类玉器身上多有穿孔，穿孔均在颈部、臀部或头部。这是商代温驯类动物玉器穿孔的特征。

主图 7
玉鹿头佩

商代晚期。青色玉质。长 3.6、高 3.2 厘米。山西省灵石县旌介村 2 号墓出土，现藏于山西省考古研究院。

◎ **器物详解**

① 圆雕。鹿头。

② 双角分叉对称，高耸于头顶。

④ 阴刻"臣"字眼。

③ 双耳后耸。

⑤ 阴刻线饰鹿口。

⑥ 颈部一孔。

◎ **主要特征**

A. 玉鹿双角直立高耸，鹿角分叉对称，是商代玉鹿鹿角的又一种形状。

玉双勾云纹回首鹿形佩

商代晚期。墨绿色玉质。长6、宽4.9厘米。河南省安阳市妇好墓出土，现藏于中国历史研究院考古研究所。

◎ 器物详解

① 板状，玉鹿呈俯卧回首状。

② 双阴线圆圈眼。

③ 叶形耳，竖立。

④ 阴刻线饰鼻口。

⑥ 后肢前屈。

⑤ 前肢长，屈于腹下。

⑦ 臀部翘起，小尾。

⑧ 颈部饰重环纹。

⑨ 身上布满双勾云纹。

⑩ 前后肢关节处饰大螺旋纹。

⑪ 髋部一穿孔，可系挂。

◎ **副图**

副图 9　鹿形玉佩　商代晚期

白色玉质。长 3.5、宽 2.7、厚 0.57 厘米。
河南省安阳市殷墟出土，现藏于中国历史
研究院考古研究所。

◎ **主要特征**

A. 商代无角玉鹿，应为幼鹿
或雌鹿。

B. 玉鹿多为叶形耳。

C. 双勾线圆圈眼，是商代动
物类普遍眼形。

D. 双勾云纹，是商代常见装
饰纹样。

E. 颈部饰重环纹，前后肢关
节处饰大螺旋纹，是商代
肖生类玉器的装饰特点。

玉兔形佩

商代晚期。青色玉质。长 10、宽 5.8、厚 0.5 厘米。河南省安阳市妇好墓出土，现藏于中国历史研究院考古研究所。

◎ **器物详解**

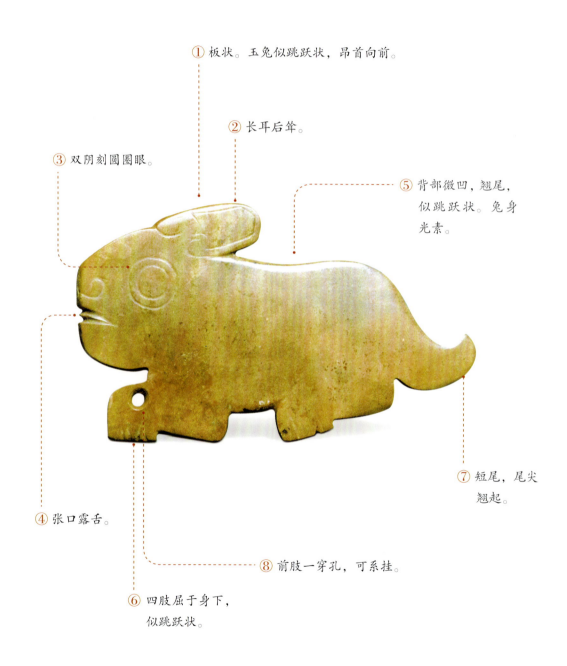

① 板状。玉兔似跳跃状，昂首向前。

② 长耳后耸。

③ 双阴刻圆圈眼。

⑤ 背部微凹，翘尾，似跳跃状。兔身光素。

⑦ 短尾，尾尖翘起。

④ 张口露舌。

⑧ 前肢一穿孔，可系挂。

⑥ 四肢屈于身下，似跳跃状。

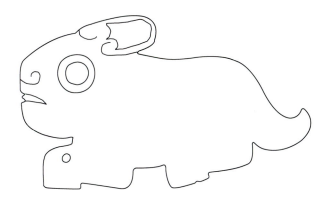

◎ **副图**

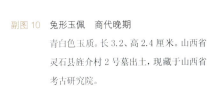

副图 10　兔形玉佩　商代晚期

青白色玉质。长 3.2、高 2.4 厘米。山西省
灵石县旌介村 2 号墓出土，现藏于山西省
考古研究院。

◎ **主要特征**

A. 身体呈作势欲跳状，是商
代玉兔造型之一。

B. 跳跃状玉兔耳朵多向后耸。

C. 双圈圆眼，是商代动物常
用眼形。

D. 尾尖上翘，是商代跳跃状

玉兔尾部特征。

主图 10
玉卧兔形佩

商代晚期。白色玉质。长 3.2、宽 1.1、厚 0.8 厘米。山东省滕州市前掌大 21 号墓出土，现藏于中国历史研究院考古研究所。

◎ **器物详解**

① 板状。玉兔呈低首俯卧状。

② 长耳后抿。

③ 圆眼。

④ 身体短粗，肥硕。

⑤ 四肢皆以单阴刻线勾划轮廓。

⑥ 尾短粗，微翘。

副图 11　兔形玉佩　商代
灰黑色玉质,多墨色斑点。高 3.2、
长 6.5 厘米。现藏于天津博物馆。

副图 12　兔形玉佩　商代晚期
灰白色玉质。长 5.9、厚 0.25 厘
米。河南安阳刘家庄出土,现藏
于中国历史研究院考古研究所。

副图 13　玉兔　商代
出自《斑斓璀璨——中国历
代古玉纹饰图录》。

◎ **主要特征**

A. 低首俯卧状长方形玉兔,
　 应是商代因材施器的器
　 物,是商代比较流行的治
　 玉风格。

B. 长耳后抿,为商代静卧玉
　 兔的耳形特征。

C. 圆眼是商代肖生类玉器的
　 常见眼形。

D. 尾短粗微翘,是商代玉兔
　 尾形。

玉卧兔形佩

商代晚期。青色玉质。长 5.45、宽 2.15、厚 0.2 ~ 0.31 厘米。山东省滕州市前掌大 31 号墓出土，现藏于中国历史研究院考古研究所。

◎ 器物详解

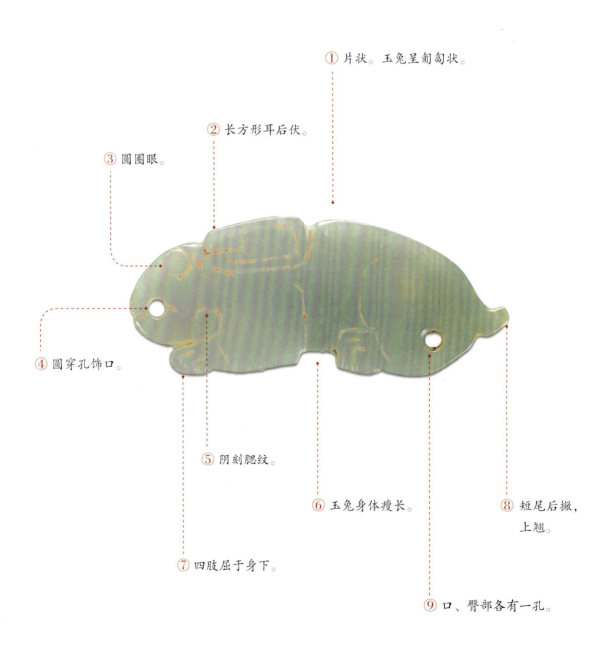

① 片状。玉兔呈匍匐状。

② 长方形耳后伏。

③ 圆圈眼。

④ 圆穿孔饰口。

⑤ 阴刻腮纹。

⑥ 玉兔身体瘦长。

⑦ 四肢屈于身下。

⑧ 短尾后撇，上翘。

⑨ 口、臀部各有一孔。

副图 14　兔形玉佩　商代晚期

青白色玉质。长 3.2、高 1 厘米。山西
省灵石县旌介村 2 号墓出土，现藏于
山西省考古研究院。

副图 15　玉兔　商代

出自《斑斓璀璨——中国历代
古玉纹饰图录》。

◎ **主要特征**

A. 以孔作眼、口装饰，是商　　B. 商代大多玉兔为静卧姿　　C. 单阴刻腮纹是商代动物类
代承继的史前遗风。　　　　　　态，多见伏耳。　　　　　　　腮部的装饰特点。

玉双勾云纹团状兔形佩

商代晚期。青灰色玉质。长 4.3、高 3.47、厚 0.74 厘米。河南省安阳市王裕口出土，现藏于中国历史研究院考古研究所。

◎ **器物详解**

① 板状。团状。玉兔整体近圆形。

② 三角叶形耳，伏于颈部。

⑤ 兔屈体弓背，背部浮雕脊骨。

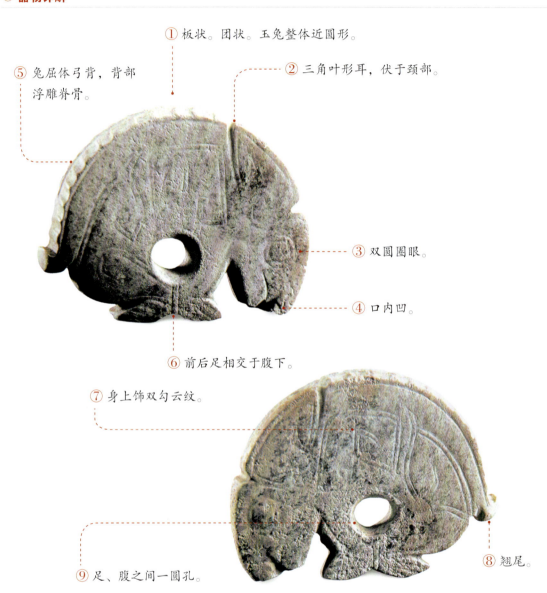

③ 双圆圈眼。

④ 口内凹。

⑥ 前后足相交于腹下。

⑦ 身上饰双勾云纹。

⑧ 翘尾。

⑨ 足、腹之间一圆孔。

◎ **主要特征**

A. 近圆形玉兔造型奇异，商代比较少见。商代常见片/板状动物多为方形或长方形。

B. 四足交叉，腹足之间以一穿孔区隔开为商代首例。

C. 兔属于温顺类动物，背部浮雕兔的脊骨，并突出身体表面，也属罕见。此种方式多用于猛兽类动物背部装饰。

D. 双阴线勾云纹，是商代典型纹饰。

主图 13
玉立马形佩

商代。灰色玉质。长 6.3、高 2.9、厚 0.2 厘米。河南省安阳市妇好墓出土，现藏于中国历史研究院考古研究所。

◎ **器物详解**

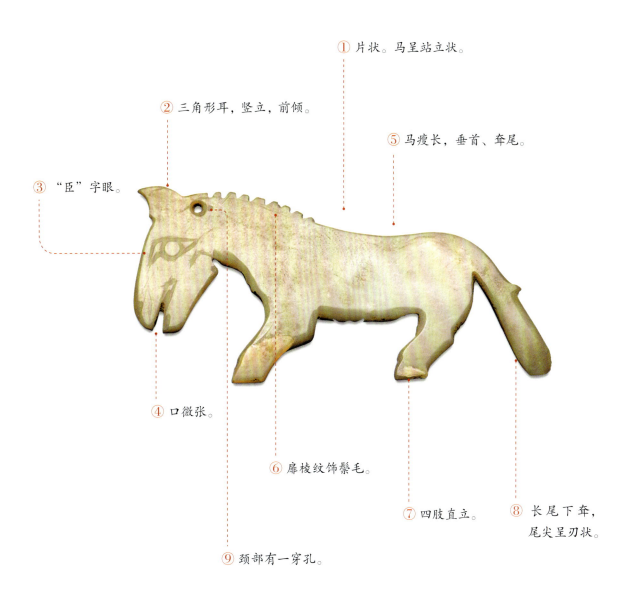

① 片状。马呈站立状。

② 三角形耳，竖立，前倾。

⑤ 马瘦长，垂首、夯尾。

③ "臣"字眼。

④ 口微张。

⑥ 扉棱纹饰鬃毛。

⑦ 四肢直立。

⑧ 长尾下夯，尾尖呈刃状。

⑨ 颈部有一穿孔。

◎ **主要特征**

A. 站立状玉马是商代玉马主要造型。

B. "臣"字眼，眼梢不出眼眶。

C. 长尾向斜后方下夯，尾尖呈刃状，是商代动物类尾部造型特征之一。

D. 刃状尾是商代部分动物类玉器的尾部常见特征。这一特征延续到周代，后基本绝迹。

玉双勾云纹卧牛

商代晚期。浅绿色玉质。长 4.81、高 1.99 厘米。山东省滕州市前掌大 222 号墓出土，现藏于中国历史研究院考古研究所。

◎ **器物详解**

① 圆雕。牛呈跪卧状。

② 盘角后伏。

③ "臣"字眼。

④ 张口，口呈凹槽状。

⑤ 身体为圆柱形。

⑥ 四肢屈于身下。

⑦ 尾紧贴臀部。

⑧ 周身饰双勾云纹。

⑨ 前后肢关节处饰大螺旋纹。

副图 16　玉牛　商代晚期
青色玉质。高 2.05、长 4.75 厘米。河南省
三门峡市西周虢国墓地 2012 号墓出土，现
藏于三门峡虢国博物馆。

副图 17　玉牛　商代晚期
青色玉质。高 2.1、长 3.5、宽 3.9 厘米。山
西省曲沃县西周晋侯墓地 63 号墓出土，现
藏于山西省考古研究院。

副图 18　玉牛　商代晚期
青色玉质。高 3.1、长 4.6 厘米。河南省安阳
小屯 11 号墓出土，现藏于中国历史研究院
考古研究所。

副图 19　玉牛　商代
黄色玉质。高 1.9、长 4.4 厘米。现
藏于天津博物馆。

◎ 主要特征

A. 商代圆雕玉牛多呈跪卧状。

B. 盘角紧贴于脑后，为商代
圆雕玉牛主要角形。

C. "臣"字眼，不出梢。

D. 勾云纹是商代肖生玉器普
遍流行的装饰纹样。

E. 前后肢关节处饰大螺旋
纹，是商代动物类关节处
的共同特征。

F. 双勾阴线纹在商代后期玉
器上普遍使用；双勾阴线
是由小型勾砣旋刻而成的
两条平行阴线。

主图 15
玉牛首

商代晚期。白色玉质。高 2.79、宽 2.48、厚 0.52 厘米。河南省安阳殷墟出土，现藏于中国历史研究院考古研究所。

◎ **器物详解**

① 板状，牛头。

② 角短粗，角尖向上。

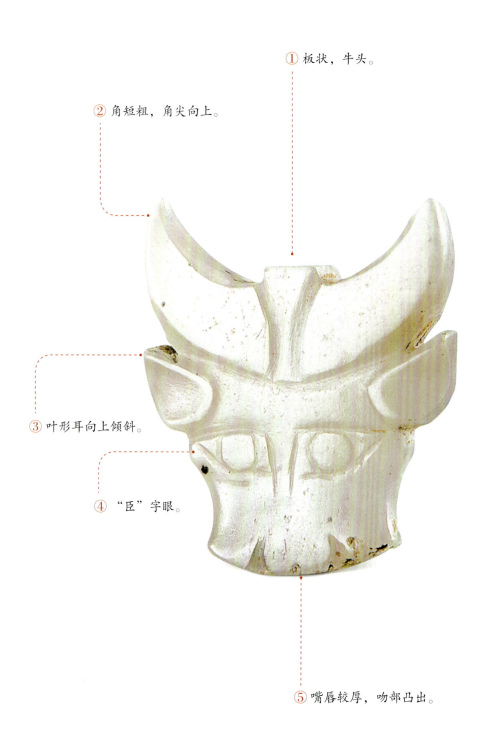

③ 叶形耳向上倾斜。

④ "臣"字眼。

⑤ 嘴唇较厚，吻部凸出。

副图 20　牛头形玉佩　商代晚期
墨绿色玉质。长 4.12、高 4.21 厘米、厚
0.15～0.8 厘米。山东省滕州市前掌大
3 号墓出土，现藏于中国历史研究院考
古研究所。

副图 21　牛头形玉饰　商代晚期
绿色玉质。高 4.78、宽 2.37、厚 0.5 厘米。
山东省滕州市前掌大 120 号墓出土，现藏
于中国历史研究院考古研究所。

副图 22　牛头形玉饰　商代
牙黄色玉质。高 3.8、宽 4.2 厘米。
现藏于天津博物馆。

◎ 主要特征

A. 单面，板状 / 片状牛头是商
代常见的器形，流行于两
周。

B. 双角角尖向上，头顶中间凸
起应为沿袭史前遗风。长方
状凸起，极具本朝特征。

C. 叶形耳，"臣"字眼，厚
嘴唇，吻部凸出。是商代
牛首形佩饰的共同特征。

主图 16
玉双勾云纹立象

商代晚期。深褐色玉质。长6.5、高3.3厘米。河南省安阳市妇好墓出土，现藏于中国历史研究院考古研究所。

◎ **器物详解**

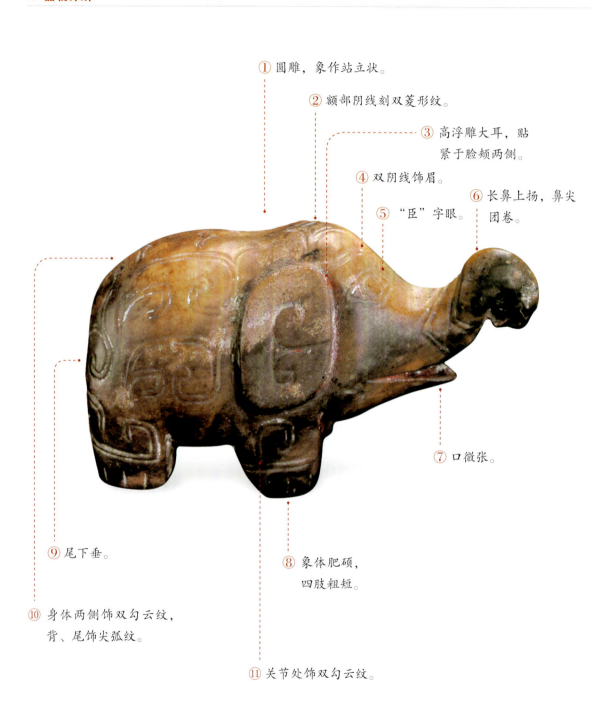

① 圆雕，象作站立状。

② 额部阴线刻双菱形纹。

③ 高浮雕大耳，贴紧于脸颊两侧。

④ 双阴线饰眉。

⑤ "臣"字眼。

⑥ 长鼻上扬，鼻尖团卷。

⑦ 口微张。

⑧ 象体肥硕，四肢粗短。

⑨ 尾下垂。

⑩ 身体两侧饰双勾云纹，背、尾饰尖弧纹。

⑪ 关节处饰双勾云纹。

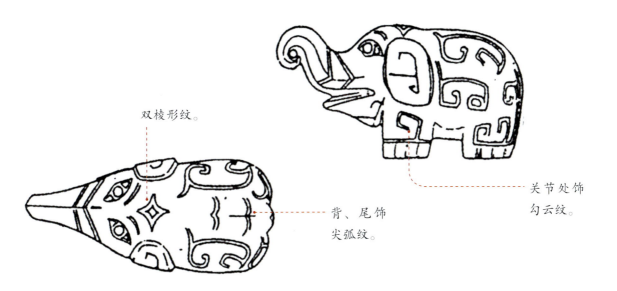

双棱形纹。

背、尾饰
尖弧纹。

关节处饰
勾云纹。

◎ **副图**

副图 23　玉象　商代
灰白色，玉质表面有褐色沁。高 2.7，
宽 3.3 厘米。现藏于天津博物馆。

◎ **主要特征**

A. 圆雕玉象，造型写实，是
商代晚期妇好墓出土玉器
的经典之作。

B. 商代常以单独重环纹或单
独双菱形纹装饰动物的额

头和颈部。

C. 勾云纹，是商代表现动物
皮毛与关节处的常用纹
饰。尖弧纹，是常见于商
代表现动物脊椎及颈部、

尾部皮毛的纹样。

D. 双阴刻线是商代普遍使用
的雕刻技法。

主图 17
玉羊首

商代晚期。白色玉质。高 4.5、厚 2 厘米。河南省安阳市妇好墓出土，现藏于中国历史研究院考古研究所。

◎ **器物详解**

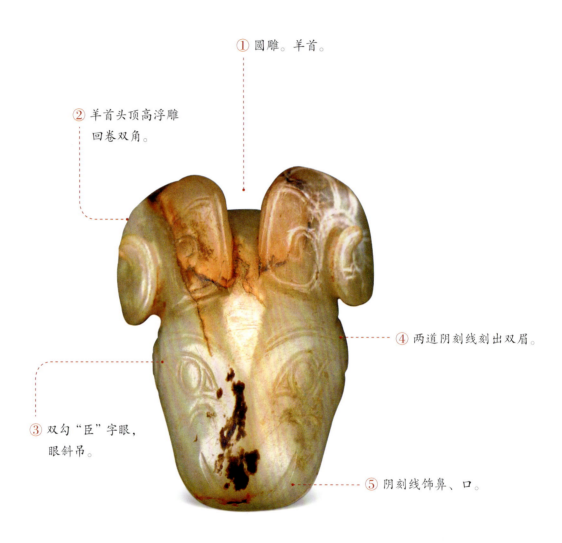

① 圆雕。羊首。

② 羊首头顶高浮雕回卷双角。

④ 两道阴刻线刻出双眉。

③ 双勾"臣"字眼，眼斜吊。

⑤ 阴刻线饰鼻、口。

◎ **主要特征**

A. 玉羊角是以高浮雕与双勾阴线相结合的工艺加工而成。

B. "臣"字眼，眼梢不出眶，是商代肖生玉的眼形特点。

C. 闭口是商代玉羊等温顺类动物的嘴部特征。

D. 该器是商代晚期具有代表性的玉雕精品。

主图 18
玉双勾云纹回首犬形佩

商代晚期。绿色玉质。长 5.7、宽 3.5、厚 0.5 厘米。河南省安阳市妇好墓出土，现藏于中国历史研究院考古研究所。

◎ **器物详解**

① 板状。犬卧伏，回首状。

② 耳后翘。

③ 双圆圈眼。

⑤ 臀部隆起。

④ 前后肢较短。

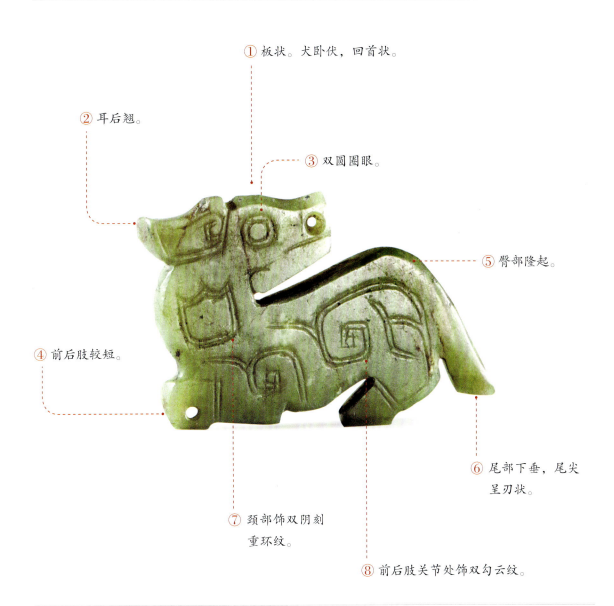

⑥ 尾部下垂，尾尖呈刃状。

⑦ 颈部饰双阴刻重环纹。

⑧ 前后肢关节处饰双勾云纹。

◎ **主要特征**

A. 俯卧、回首，前低后高（臀部隆起），是商代大型动物的造型特点。

B. 圆圈眼，是商代动物类玉器眼形之一。

C. 颈部饰重环纹是商代动物类颈部常见的装饰纹样。

D. 尾尖呈刃状，是商代部分动物的尾部特征之一。沿袭至周代，后基本绝迹。

E. 双勾云纹及变形螺旋纹，是商代大多动物关节处的特有装饰风格。

玉双勾云纹坐熊佩

商代晚期。黄褐色玉质。长 8、厚 0.4 厘米。河南省安阳市妇好墓出土，现藏于中国历史研究院考古研究所。

◎ 器物详解

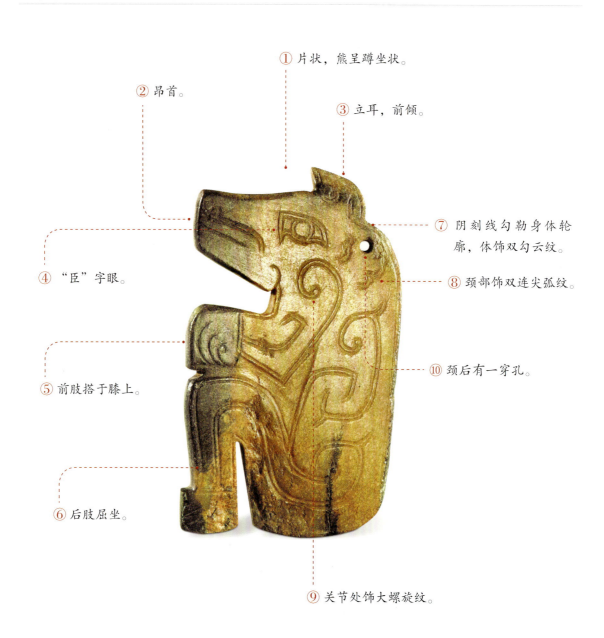

① 片状，熊呈蹲坐状。

② 昂首。

③ 立耳，前倾。

④ "臣"字眼。

⑤ 前肢搭于膝上。

⑥ 后肢屈坐。

⑦ 阴刻线勾勒身体轮廓，体饰双勾云纹。

⑧ 颈部饰双连尖弧纹。

⑩ 颈后有一穿孔。

⑨ 关节处饰大螺旋纹。

◎ 主要特征

A. 商代晚期蹲坐状动物大多脚与臀部平齐。

B. 商代较注重动物颈部修饰，双连尖弧纹是商代玉熊颈部特征，也是商代动物类玉器颈部装饰的另一种纹饰，常见的颈部纹饰还有单独重环纹。

主图 20
玉坐熊

商代。浅绿色玉质。高 5.1、宽 4.5 厘米。河南省安阳市妇好墓出土，现藏于中国历史研究院考古研究所。

◎ **器物详解**

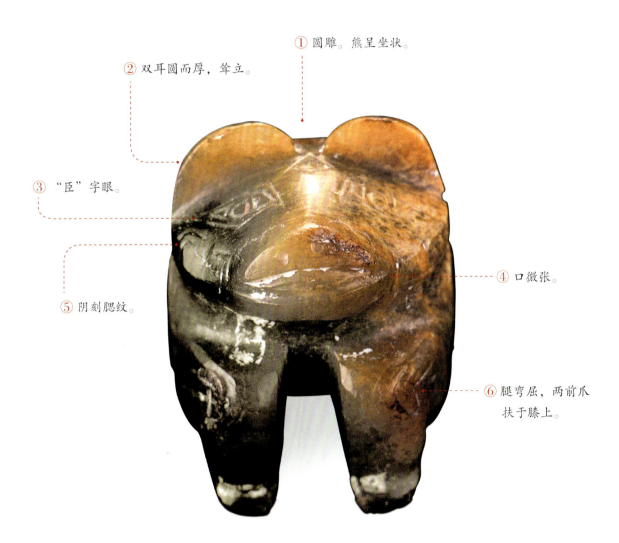

① 圆雕。熊呈坐状。

② 双耳圆而厚，竿立。

③ "臣"字眼。

④ 口微张。

⑤ 阴刻腮纹。

⑥ 腿弯屈，两前爪扶于膝上。

◎ **主要特征**

A. 商代圆雕动物多将其前爪扶于膝上。

B. 圆雕动物通常以深砣凹槽工艺分出动物四肢，颇有商代工艺特色。

小结

1. 整体造型

商代玉雕动物主要分为圆雕和片／板状两种，圆雕动物大多呈蹲坐或俯卧状，片状动物大多呈俯卧状、回首俯卧状、跪卧状、跳跃状等造型，整体轮廓基本比较接近动物本身，写实性比较强。

其中比较独特的是河南省鹿邑县太清宫长子口墓出土的虎首跪坐人。虎首跪坐人为商代晚期唯一一件圆雕虎、鸮、人复合型玉器，造型独特，内涵丰富，是罕见的商代玉器珍品。

2. 头部造型和纹饰

商代有角动物以鹿、牛、羊为主。

鹿角主要分为双叉角，一叉竖立，一叉微奓；分叉对称角，双角直立高耸于头顶、以及无角鹿。

玉牛角双角角尖向上，头顶中间凸起应为沿袭史前遗风。

玉羊角是高浮雕双角回卷于头两侧。

商代玉雕动物头部主要以正面和侧面两种形式为主。

耳朵多为圆耳、半圆耳、三角形耳、叶形耳，立于头顶或贴于颈部。

眼睛多为圆圈眼、方框眼、"臣"字眼。"臣"字眼，眼梢不出眼眶。

嘴部雕刻简化，多为微张或闭口。有的圆雕动物嘴部以管钻痕迹做牙齿，有的仅以一道阴刻线表示。

3. 躯体造型和纹饰

动物身体多为长条形、圆柱形、圆形等，此种造型应是商代因材施器的产物，是商代的治玉风格。

四肢主要有屈于身下、直立、跳跃、前肢扶于膝上等几种形态。商代晚期玉鹿开始出现蹄形足。

尾部主要有长尾伸直不回卷、长尾回卷呈圆圈、短粗尾尾尖上翘、长尾下垂尾尖呈刀状等几种尾形。

4. 纹饰和工艺

商代动物腮部为单、双阴刻腮纹；颈部为双尖弧纹、重环纹等；身体躯干为双线勾云纹、重环纹等；关节处为大螺旋纹、变形螺旋纹以及双阴线勾云纹等；尾部为尖弧纹等。

在制作工艺雕刻技法上，双勾阴线在商代后期玉器上普遍使用，双勾阴线是由小型勾砣旋刻而成的两条平行阴线，商代双阴线直线多于曲线。

多以简单阴线勾勒前、后肢或深砣凹槽的工艺手法区分肢体与身体。

此时期动物类玉器身上多有穿孔，穿孔均打在颈部、臀部或头部。不见打在其脊背上，这是商代温驯类动物玉器穿孔的特征。

西周动物造型与纹饰

简述

　　西周是一个非常重视礼仪的社会，玉器是礼仪活动中不可缺少的礼器。此时期的玉器种类与数量比商朝大大增加。在玉器用途上，从商朝为祖先祭祀祈祷用途中摆脱出来，成为祭祀自然神和为等级制度服务的重器。随着用途的改变，西周玉雕动物种类随之增多，主要是片／板状动物为主，圆雕甚少。纹饰有繁有简。其中山西、陕西、河南地区出土的动物玉雕作品较为丰富。比较重要的出土墓地或遗址有陕西省宝鸡市茹家庄1号墓、山西省曲沃县晋侯墓地63号墓、山西省闻喜县显上郭墓地57号墓、河南省三门峡市上村岭虢国墓等。

玉虎形佩

西周。青色玉质。长 6.5、高 2.8、厚 0.2 厘米。陕西省宝鸡市茹家庄 1 号墓出土，现藏于宝鸡青铜器博物馆。

◎ **器物详解**

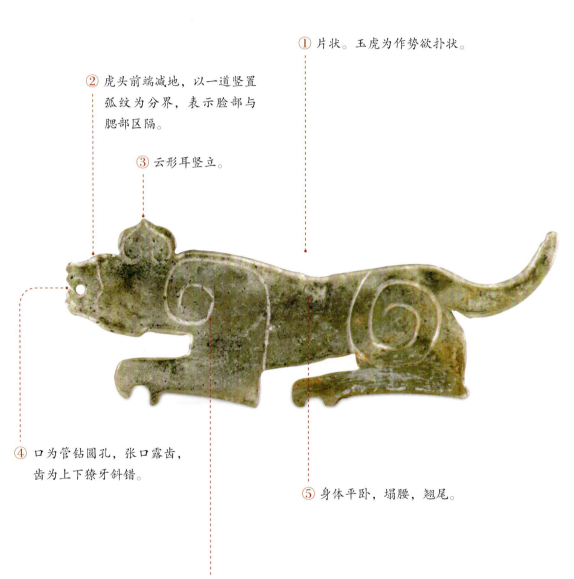

① 片状。玉虎为作势欲扑状。

② 虎头前端减地，以一道竖置弧纹为分界，表示脸部与腮部区隔。

③ 云形耳竖立。

④ 口为管钻圆孔，张口露齿，齿为上下獠牙斜错。

⑤ 身体平卧，塌腰，翘尾。

⑥ 前后关节以阴线大螺旋纹表示。

◎ **副图**

副图1 玉虎 西周

青色玉质。长 8、高 2.8、厚 0.2 厘米。陕西省宝鸡市茹家庄 1 号墓出土,现藏于宝鸡青铜器博物馆。

副图2 虎形玉佩 西周

黄色玉质。长 7.4 厘米。北京市房山区琉璃河西周燕国墓地出土,现藏于琉璃河西周燕都遗址博物馆。

◎ **主要特征**

A. 周代玉虎四肢与身体的间隙比商代大,有明显缝隙。

B. 头与臀部高度基本持平,整体造型近似长方形。商代片状玉虎则多为头宽尾窄、头高尾低的造型。

C. 云形耳是周代开始流行的耳形;商代玉虎多叶形耳。

D. 商周时期凶猛动物的口形,大多表现为上下獠牙斜错,张口龇牙;温顺动物多闭口。

E. 以大螺旋纹表示玉虎前后大关节处,应是承继商代遗风。

F. 片状玉虎身体曲线与商代无大改变,但尾部下垂幅度小,上翘幅度大。

玉虎形佩

西周。青色玉质。长6.4厘米。河南省信阳地区出土，现藏于河南省信阳市文物局。

◎ 器物详解

① 板状。虎呈弓形。

② 虎头略方，鼻丰颚厚。

③ 双阴刻椭圆形眼。

④ 圆孔饰口。

⑤ 虎头及前肢双线阴刻纹饰，身体后部光素无纹，疑似半成品。

⑦ 尾部回卷呈一圆孔。

⑥ 身下雕出虎的四肢。

副图 3　玉虎　西周宣王时期

青色，有褐、红色沁斑。长 7.3、高 2.9、厚
0.35 厘米。河南省三门峡市上村岭虢国墓
地 2006 号墓出土，现藏于河南省文物考
古研究院。

◎ **主要特征**

A. 此器应为纹饰尚未加工完
成的半成品。

B. 周代玉虎为双阴刻椭圆形
眼，与商代双阴刻圆圈眼
略有区别。椭圆形眼，春
秋战国时期继续沿用。

主图 3

玉重环纹卧虎

西周。青色玉质。长 2.3、高 1、厚 0.6 厘米。山西省闻喜上郭墓地 57 号墓出土，现藏于山西博物院。

◎ **器物详解**

① 圆雕。虎为俯卧状。

② 头部向前，两耳竖立。

③ 圆柱形眼，外凸。

④ 腮部饰胡须纹。

⑤ 阴刻线饰口。

⑥ 虎身为圆柱形，身体多处桯钻小盲孔。

⑦ 四肢屈卧。

⑧ 垂尾，尾尖回卷，中心桯钻小盲孔。

⑨ 背部阴刻重环纹，身体两侧阴刻螺旋关节纹。

副图 4　玉虎　西周
　　　　灰白色，有褐色及黑褐色沁。长5.8、宽1.8
　　　　厘米。现藏于天津博物馆。

副图 5　玉虎　西周早期
　　　　玉质灰白色。高3.8、长16.5、厚2厘
　　　　米。河南省洛阳市兆瑶乡庞家沟出土，
　　　　现藏于洛阳博物馆。

◎ **主要特征**

A. 周代玉虎的造型较之商代
　　臀部略高，基本与头部持
　　平。商代则肩高尾低。
B. 厚耳耸立，沿袭商代玉虎
　　耳部造型，并无大异。
C. 外凸圆柱形眼是该玉虎独
　　特眼形，较为少见。与商周
　　时期圆眼及圆圈眼有很大不

同。
D. 商周时期玉虎大多为张口
　　露齿，锯齿状。该器为闭
　　口虎，从整体造型上看可
　　能表现的是幼虎。
E. 周代重环纹向细瘦、弧形
　　发展，多饰于动物背部，
　　商代重环纹短宽，丰满，

多饰于动物额部及颈部。
F. 用桯钻在玉虎四肢、尾尖
　　等处钻出若干小盲孔，以
　　此作身体部位区分的技
　　法，较为少见，应是周代
　　玉虎的非典型特征。

主图 4

玉鹿形佩

西周。黄褐色玉质。长 8.3、宽 5.9 厘米。山西省曲沃晋侯墓地 63 号墓出土，现藏于山西省考古研究院。

◎ **器物详解**

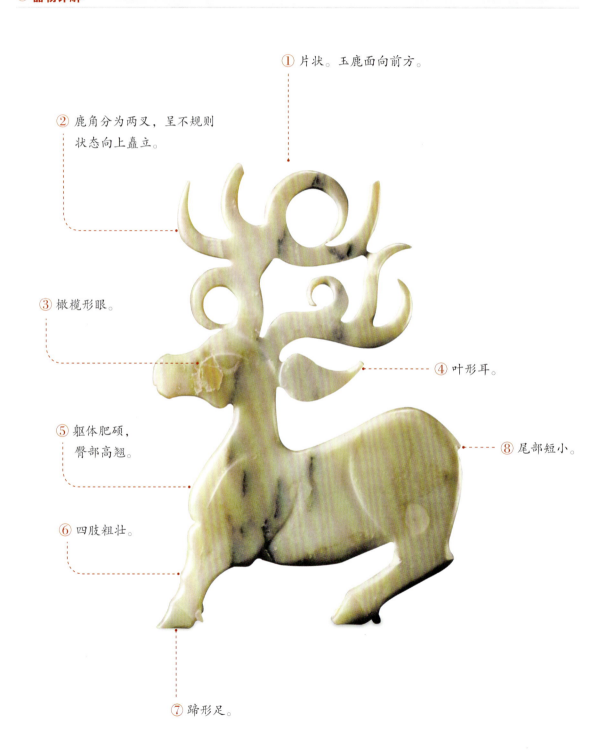

① 片状。玉鹿面向前方。

② 鹿角分为两叉，呈不规则状态向上矗立。

③ 橄榄形眼。

④ 叶形耳。

⑤ 躯体肥硕，臀部高翘。

⑥ 四肢粗壮。

⑦ 蹄形足。

⑧ 尾部短小。

◎ **副图**

副图 6　玉鹿　西周中期

青白玉质。高 8.4 厘米。陕西省宝鸡市茹家 1
号墓出土，现藏于宝鸡市博物馆。

副图 7　鹿形玉佩　西周晚期

青白玉质。长 8.8、宽 7.2 厘米。
陕西省宝鸡市茹家庄 1 号墓出土，
现藏于宝鸡青铜器博物馆。

副图 8　鹿形玉佩　西周

青白玉质。高 9、长 4.8、厚 0.4 厘米。
陕西省宝鸡市茹家庄 1 号墓出土，现
藏于宝鸡青铜器博物馆。

◎ **主要特征**

A. 西周玉鹿题材的玉器盛
行。玉鹿多面向前方，四
肢均向后倾斜，似在奔跑
中紧急骤停的动态。商代
鹿则多回首。

B. 西周玉鹿角杈繁攀，双角
造型不甚规则，且与身体
的比例不甚协调，较之商
代更为华丽。

C. 橄榄形眼为西周玉鹿的常

见眼形。

D. 前腿沿袭了商代玉鹿腿
形，略显粗壮，蹄形足开
始分叉。

主图5
玉回首鹿形佩

西周。青色玉质。高4、长3.9、宽1.1厘米。陕西省宝鸡市茹家庄1号墓出土，现藏于宝鸡青铜器博物馆。

◎ **器物详解**

① 片状。似幼鹿，站立回首状。

② 双耳耸立。无角。

③ 眼睛为一穿孔。

④ 一道阴刻线饰口。

⑤ 躯体肥硕，臀部隆起并有一孔。

⑥ 四肢短粗。

⑦ 短尾后翘。

◎ **副图**

副图 9　鹿形玉佩　西周晚期

　　青色玉质。长 6.1、高 4.7 厘米。河南省三门

峡市虢国墓地 2009 号墓出土，现藏于三门

峡博物馆。

◎ **主要特征**

A. 无角幼鹿是西周常见玉器
　造型。

B. 西周多在玉鹿的头、胸、

尾部穿孔。

C. 西周玉鹿的牛蹄形足是沿
　袭商代晚期玉鹿的分叉蹄

形。但幼鹿足蹄不分叉。

玉跪卧鹿形佩

西周。青色玉质。长4.8、高2厘米。现藏于上海博物馆。

◎ 器物详解

① 片状。鹿呈低首跪卧状。

② 三叉形角前伸。

③ 叶形耳竖立，
有一穿孔。

④ 阴刻线刻椭
圆形眼。

⑦ 短尾，臀
部翘起。

⑤ 前肢屈跪于地
面。

⑥ 后肢呈支撑状。

◎ 主要特征

A. 周代穿孔多出现在玉鹿口
部、耳朵、眼睛、前足、

臀部、尾部、前胸等处，
很少出现在背部。

B. 玉鹿后蹄明显出现夹子
状，为周代玉鹿足部特点。

主图7

玉卧兔形佩

西周。青灰色玉质。长 4.7、高 3.2、厚 0.2 厘米。陕西省宝鸡市茹家庄 1 号墓出土，现藏于宝鸡青铜器博物馆。

◎ **器物详解**

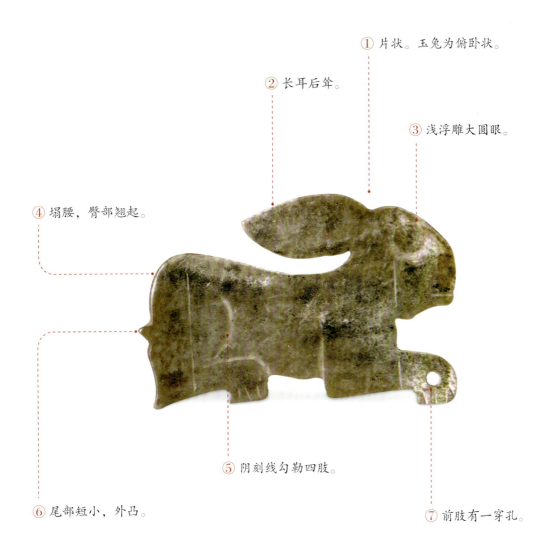

① 片状。玉兔为俯卧状。

② 长耳后耸。

③ 浅浮雕大圆眼。

④ 塌腰，臀部翘起。

⑤ 阴刻线勾勒四肢。

⑥ 尾部短小，外凸。

⑦ 前肢有一穿孔。

◎ **主要特征**

A. 俯卧形玉兔是周代玉兔造型之一。

B. 玉兔长耳后耸，作势欲跃，表现为兔的动态。

C. 圆眼是西周肖生玉的主要眼形。

玉卧兔形佩

西周。青色玉质。长 3.3、宽 1.1 厘米。山西省闻喜县上郭墓地 49 号墓出土，现藏于山西博物院。

◎ **器物详解**

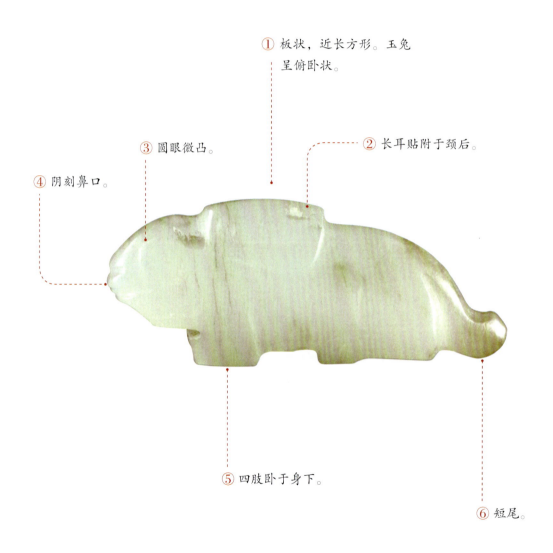

① 板状，近长方形。玉兔呈俯卧状。

③ 圆眼微凸。

② 长耳贴附于颈后。

④ 阴刻鼻口。

⑤ 四肢卧于身下。

⑥ 短尾。

◎ 副图

副图 10　玉兔　西周早期

碧色玉质。长 4.9、宽 2.1、厚 0.3 厘米。山
东省济阳县姜集乡刘台子墓出土，现藏于
济南市济阳区博物馆。

副图 11　兔形玉饰　周代

青色玉质。长 3.26、宽 1.8、厚 0.38 厘米。
安徽省凤台县大孤堆遗址出土，现藏于安
徽博物院。

◎ 主要特征

A. 此兔长耳贴附在颈后，表现出兔的静态。

B. 周代穿孔多出现在玉兔胸、头、四肢等部位。

C. 长方形玉兔造型简约，应为随形就料的写意作品。

随形就料和因材施器也是商周时期多见的治玉风格。

玉双勾皮毛纹立马

西周。白色玉质。高5、长7.7厘米。山西省曲沃县晋侯墓地63号墓出土，现藏于山西省考古研究院。

◎ **器物详解**

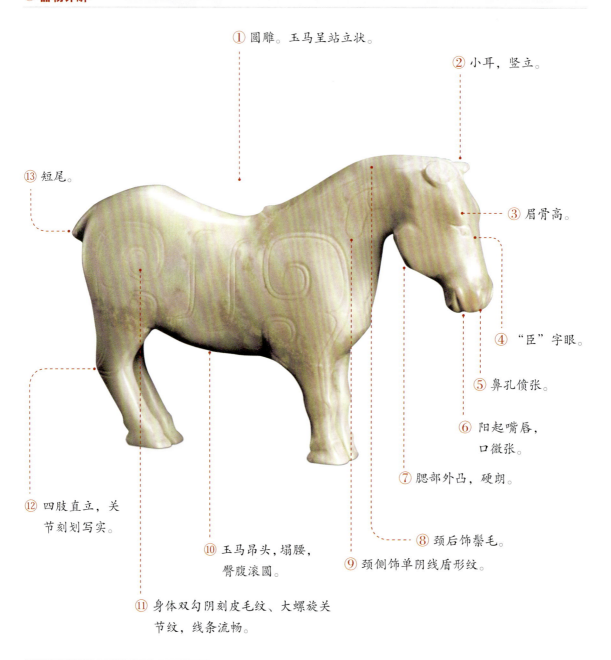

① 圆雕。玉马呈站立状。

② 小耳，竖立。

③ 眉骨高。

④ "臣"字眼。

⑤ 鼻孔偾张。

⑥ 阳起嘴唇，口微张。

⑦ 腮部外凸，硬朗。

⑧ 颈后饰鬃毛。

⑨ 颈侧饰单阴线盾形纹。

⑩ 玉马昂头，塌腰，臀腹滚圆。

⑪ 身体双勾阴刻皮毛纹、大螺旋关节纹，线条流畅。

⑫ 四肢直立，关节刻划写实。

⑬ 短尾。

◎ **主要特征**

A. 站立状为周代玉马主要造型。

B. 周代注重刻划玉马的头部，五官有棱角，腮部肌肉感强。

C. 肢体雄壮，有力量感，是周代玉马主要特点。

D. 颈部单阴刻线盾形纹与其他动物颈部所饰重环纹有异曲同工之作用。

主图 10
玉回首卧马

西周。青灰色玉质。长2.7、高2厘米。北京市房山区琉璃河西周燕国墓地出土，现藏于北京市文物研究所。

◎ **器物详解**

① 圆雕。玉马呈跪卧回首状。

② 马耳残。

③ 菱形眼。

④ 鼻、口简约。

⑦ 短尾。

⑤ 跪卧。

⑥ 四肢刻划简约，前后蹄斜错。

◎ **主要特征**

A. 跪卧回首状玉马，是周代玉马的另一种造型。

B. 菱形眼是西周动物常用眼形之一。

C. 身体底部以一凹槽区分出玉马四肢。此种形式是西周圆雕动物四肢的雕刻技法之一。

主图 11
玉立牛

西周。黄褐色玉质。高 3.7、长 7.1 厘米。山西省曲沃晋侯墓地 63 号墓出土，现藏于山西省考古研究院。

◎ **器物详解**

① 板状。玉牛呈昂首站立状。

② 两角后伸（残）。

③ 叶形耳。

④ "臣"字眼。

⑤ 阴刻凹槽饰嘴，口微张。

⑦ 短尾下垂。

⑥ 身体光素，四肢粗壮。

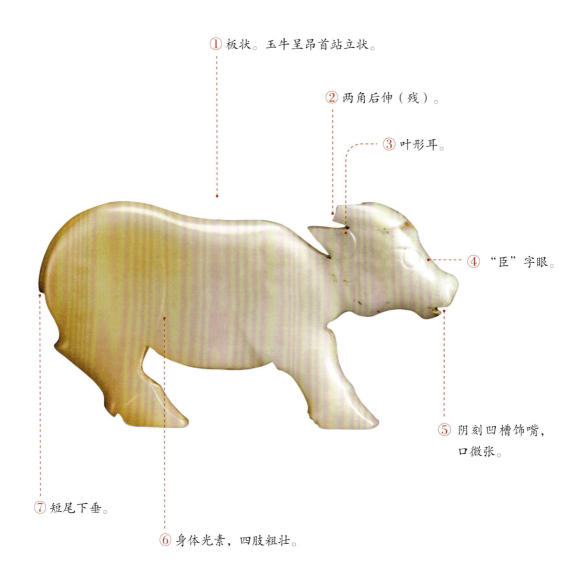

副图 12　牛形玉佩　西周

黄褐色玉质。高 2.4、长 4.2 厘米。
陕西省宝鸡市茹家庄 1 号墓出土，
现藏于宝鸡市博物馆。

副图 13　卧牛形玉佩　西周

青色玉质。高 2.05、长 4.75 厘米。河南
省三门峡市虢国墓地墓出土，现藏于三
门峡虢国博物馆。

副图 14　玉牛牲　西周

青色玉质，墨绿色。长 7、宽 2.2、高 4
厘米。山西省曲沃县北赵晋侯墓地 63
号墓出土，现藏于山西省考古研究院。

◎ **主要特征**

A. 站立状玉牛是周代开始
出现的新造型，常见造
型还有卧牛。

B. "臣"字眼较之商代，变得
更窄长。

C. 玉牛多素身，无纹饰。

主图 12
玉牛首

西周。青色玉质。高 11、宽 9、厚 0.6 厘米。河南省三门峡市上村岭虢国墓地出土，现藏于河南博物院。

◎ **器物详解**

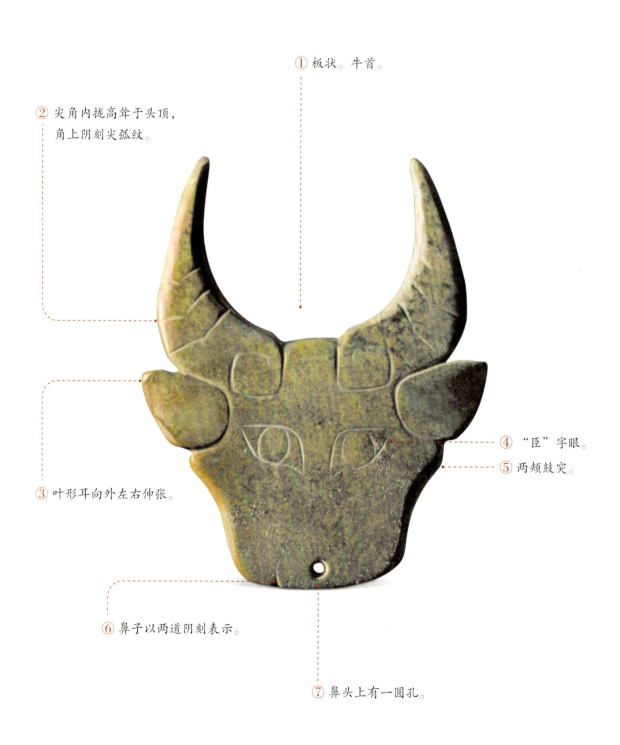

① 板状。牛首。

② 尖角内拢高耸于头顶，角上阴刻尖弧纹。

③ 叶形耳向外左右伸张。

④ "臣"字眼。

⑤ 两颊鼓突。

⑥ 鼻子以两道阴刻表示。

⑦ 鼻头上有一圆孔。

副图 15　牛首形玉佩　西周

高 3.3、宽 3.2、厚 1 厘米。陕西省宝鸡市
竹园沟 9 号墓出土,现藏于宝鸡青铜器
博物馆。

副图 16　牛面形玉佩　西周早期

玉质青白色,微泛黄,半透明,通体磨光。
通长 2.5、最宽处 2.6、厚 0.4 ～ 0.6 厘米。
陕西省扶风县召李村出土,现藏于宝鸡
市周原博物馆。

副图 17　牛兽形玉佩　西周晚期

青玉。高 7.45、宽 5.5、厚 0.7 厘米。河南省
三门峡市虢国墓地 2009 号墓出土,现藏于
三门峡市博物馆。

◎ **主要特征**

A. 周代玉牛首沿袭商代造型
并流行于两周时期。部分
额部凸起高耸如柱,有别
于商代。

B. 部分叶形耳向外伸张更
甚;商代部分牛耳紧贴面
颊两侧。

C. 两周玉牛首单面雕工,额

部或口部出现穿孔,商代
则少见。

主图 13

玉回首卧羊

西周。青白色玉质。高 2.5、长 5 厘米。山西省曲沃县晋侯墓地 63 号墓出土，现藏于山西省考古研究院。

◎ 器物详解

① 圆雕。玉羊呈回首状。

② 圆圈眼。

④ 三道阴刻深线表示肋骨。

⑤ 颈部、尾部饰节纹。

③ 双角后卷。

⑥ 四肢和蹄趾以简单的阴刻线刻出，关节处饰螺旋纹。

◎ 主要特征

A. 回首状，是周代动物类多见造型。

B. 圆圈眼应与商代有承继关系。
C. 节纹是西周时期动物颈部

和尾部的又一种表现纹饰。

主图 14
玉犬形佩

西周。青色玉质。长 5.3、宽 2.9、厚 0.5 厘米。河南省三门峡虢国墓地出土，现藏于三门峡虢国博物馆。

◎ **器物详解**

① 板状。玉犬呈跳跃状。

② 头略方，"C"形大耳。

③ "臣"字眼。

④ 翘鼻。

⑤ 张口露齿，口部有一圆孔。

⑥ 腰下凹。

⑦ 阴刻线雕出四肢及爪。

⑧ 尾部回卷成一孔。

◎ **主要特征**

A. "C"形大耳，"臣"字眼，不出梢，错齿及身体前高后低，前宽后窄，均为商代遗风，或为商代旧玉。

B. 多数眼梢出框，或为过渡期器物。

玉立猪

西周。浅褐色玉质。长 4、宽 3.4、厚 0.5 厘米。陕西省长安张家坡村 390 墓出土，现藏于中国历史研究院考古研究所。

◎ **器物详解**

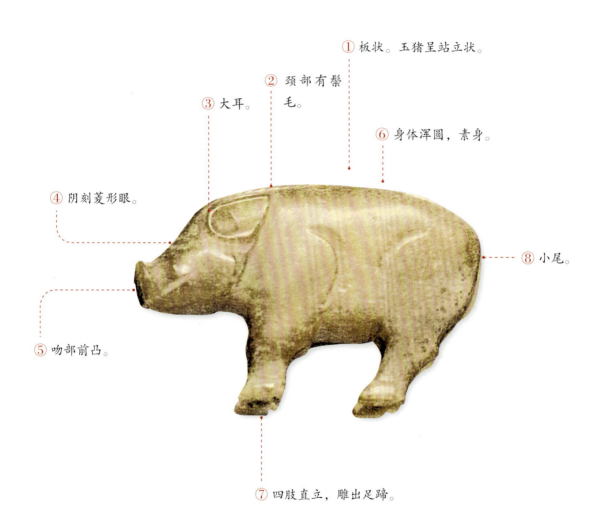

① 板状。玉猪呈站立状。

② 颈部有鬃毛。

③ 大耳。

⑥ 身体浑圆，素身。

④ 阴刻菱形眼。

⑤ 吻部前凸。

⑧ 小尾。

⑦ 四肢直立，雕出足蹄。

◎ **副图**

副图 18　猪形玉佩　西周晚期

青色玉质。长 5.5、宽 2.7、厚 0.6 厘米。河南
省三门峡市虢国墓地 2012 号墓出土，现藏
于河南省文物考古研究院。

◎ **主要特征**

A. 扇形大耳，是西周玉猪主
　要耳形。

B. 菱形眼，是周代肖生玉眼

形之一。

C. 玉猪在足底部用一道阴刻凹
　槽分出四肢，是西周片 / 板

状玉猪常见的表现技法。

小结

1. 整体造型

周代玉雕动物主要分为圆雕和片／板状两种，圆雕动物大多采用站立状、站立回首状、俯卧状、跪卧状、跪卧回首状，片状动物大多呈俯卧状、回首俯卧状、跪卧状、站立状等造型。玉雕动物整体造型基本沿袭商代玉雕动物特点。其中造型独特的是河南省信阳地区出土的弓形青玉虎，是周代片状玉虎新造型，整体似珩。

2. 头部造型和纹饰

玉雕动物头部较为写实，多呈低首、仰首或回首状。其中比较特殊的是玉虎，玉虎头与臀部高度基本持平，整体近似长方形，商代片状玉虎则多头宽尾窄、头高尾低。

角，周代有角动物以鹿、牛、羊为主。

鹿角，周代比较注重鹿角的修饰，鹿角枝杈高攀，双角造型不甚规则，双角与身体的比例不甚协调，是周代鹿角主要特点。另外，周代无角鹿也较为常见。

周代玉牛、玉羊角造型基本沿袭了商玉牛、玉羊的造型。

耳朵在沿袭商代玉雕动物的圆耳、长耳、叶形耳等耳形基础上，周代玉雕动物新出现了云形耳、扇形耳以及"C"形耳。

眼睛多为椭圆眼、橄榄形眼、菱形眼、"臣"字眼。"臣"字眼较商代眼略窄长，眼

稍稍出框。其中西周玉虎出现了圆柱形眼，比较独特，非常少见。

嘴部，在商周时期一般表现凶猛动物的口形大多为上下獠牙斜错，张口龇牙。温顺动物多闭口。

3. 躯体造型和纹饰

动物身体多为长条形、圆柱形、圆形等。

四肢主要有屈于身下、直立、跳跃等几种形态。其中比较有特点的是周代玉鹿造型，多数似在奔跑中紧急骤停的状态，四肢均向后倾斜。

西周玉马、玉鹿等站立状动物四肢粗壮有力，力量感十足。蹄形足开始分叉。

尾部主要有长尾、长尾回卷呈圆圈、短粗尾尾尖上翘等几种尾形。

4. 纹饰和工艺

背部为重环纹。周代重环纹与商代短粗重环纹相比向细瘦、弧形发展。

关节处为螺旋纹。

在制作工艺和雕刻技法上，周代普遍用阴刻线和双阴刻线。在玉虎雕刻上，周代出现了用桯钻在玉虎四肢、尾尖等处钻出若干小凹坑，以此做身体部位区分的技法较为少见。

西周玉猪常在足底部用一道阴刻凹槽分出四肢。

春秋时期动物造型与纹饰

简述

春秋时期玉器的品类日益增加，突破了商周玉器以祭祀、礼器等礼仪用玉的束缚，开始向生活装饰用玉发展。此时期写实性动物题材玉器作品较少，除少数抽象的动物形象外，开始大量出现琥形璜或佩。玉琥是六瑞之一，以片状为主，整体轮廓抽象简单，繁缛、隐晦的变形龙纹布满周身。春秋时期玉雕动物主要出自河南、陕西、河北、山东、江苏等地，比较重要的出土墓葬遗址有河南省光山县宝相寺黄君孟夫妇墓、河南省淅川县下寺1号墓、陕西省宝鸡市益门村2号墓、河北省当阳市前春3号墓、山东省莒县龙山镇王家山村春秋墓以及江苏省吴县严山等。

主图1
玉皮毛纹虎形佩

春秋早期。1对。青白色玉质，半透明。长 2.5、宽 1.3、厚 0.3 厘米。1983 年河南省光山县宝相寺黄君孟夫妇墓出土，现藏于河南省信阳市文物管理局。

◎ **器物详解**

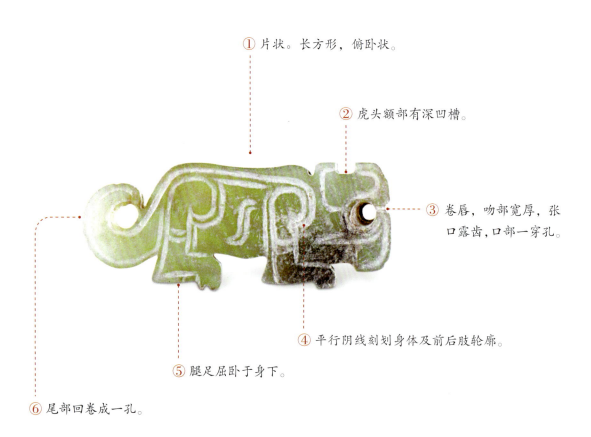

① 片状。长方形，俯卧状。

② 虎头额部有深凹槽。

③ 卷唇，吻部宽厚，张口露齿，口部一穿孔。

④ 平行阴线刻划身体及前后肢轮廓。

⑤ 腿足屈卧于身下。

⑥ 尾部回卷成一孔。

◎ **副图**

副图1　云纹虎形玉佩　春秋早期

玉质青白色，半透明。长5.5、宽3.1、厚0.1
厘米。河南省光山县宝相寺黄君孟夫妇墓出
土，现藏于河南博物院。

◎ **主要特征**

A. 玉虎卷唇，吻部宽厚，额
部有深凹槽，是春秋时期
虎头特点。

B. 以平行阴线刻划身体及前
后肢轮廓，是春秋时期时
代风格。

C. 平行双阴线是春秋时期典
型工艺。

玉勾云纹虎形佩

春秋早期。灰褐色玉质。高 2.3、长 3.8、厚 0.8 厘米。湖北省当阳市前春 3 号墓出土，现藏于宜昌博物馆。

◎ **器物详解**

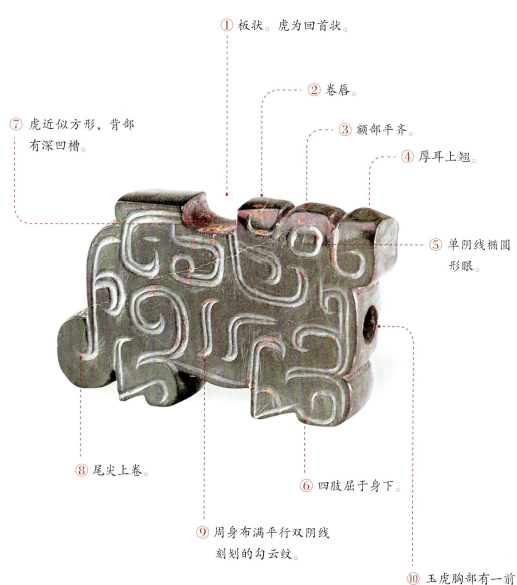

① 板状。虎为回首状。

② 卷唇。

③ 额部平齐。

④ 厚耳上翘。

⑤ 单阴线椭圆形眼。

⑦ 虎近似方形，背部有深凹槽。

⑧ 尾尖上卷。

⑥ 四肢屈于身下。

⑨ 周身布满平行双阴线刻划的勾云纹。

⑩ 玉虎胸部有一前后贯穿的圆孔。

◎ **副图**

副图 2　卷云纹兽形玉佩　春秋晚期
棕褐色玉质。长 2.2、高 1、厚 0.23 厘米。
河南省淅川县下寺 3 号墓出土，现藏于河
南省文物考古所。

副图 3　玉兽　春秋
青黄色。高 2.1、长 3.2 厘米。现藏于
天津博物馆。

◎ **主要特征**

A. 造型短粗，近似于方形，是春秋时期虎形佩主要特征。

B. 单阴线椭圆形眼，是春秋时期肖生类题材流行眼形。

C. 平行双阴线刻划纹饰，是春秋时期重要的装饰技法。

玉浅浮雕复合纹虎形佩

春秋早期。青色玉质。长12.5、宽6.2厘米。河南省光山县宝相寺黄季佗父墓出土，现藏于河南博物院。

◎ 器物详解

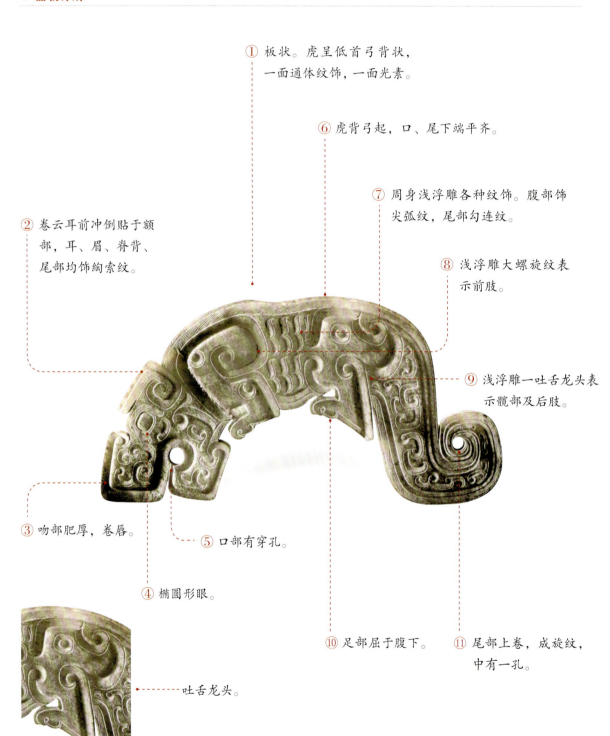

① 板状。虎呈低首弓背状，一面通体纹饰，一面光素。

⑥ 虎背弓起，口、尾下端平齐。

⑦ 周身浅浮雕各种纹饰。腹部饰尖弧纹，尾部勾连纹。

⑧ 浅浮雕大螺旋纹表示前肢。

② 卷云耳前冲倒贴于额部，耳、眉、脊背、尾部均饰绚索纹。

⑨ 浅浮雕一吐舌龙头表示髋部及后肢。

③ 吻部肥厚，卷唇。

⑤ 口部有穿孔。

④ 椭圆形眼。

⑩ 足部屈于腹下。

⑪ 尾部上卷，成旋纹，中有一孔。

吐舌龙头。

◎ **主要特征**

A. 玉虎呈低首弓背状，口尾下端平齐，此种造型为春秋虎形佩所特有。

B. 复合纹饰及造型，史前及商周时期均有出现。浅浮雕大螺旋纹表示前肢，浅浮雕一吐舌龙头表示后肢，这种隐晦、繁缛的复合式手法是春秋时期典型风格。

C. 周身以浅浮雕技法装饰各种纹饰，工艺考究、规整等，均是春秋时期典型的工艺风格。

D. 单面工是两周时期典型的工艺特征，之前之后都少有。

主图 4
玉龙纹虎形佩

春秋。青色玉质。长 14.6、宽 4.4 厘米。1978~1979 年河南省淅川县下寺出土，现藏于河南博物院。

◎ 器物详解

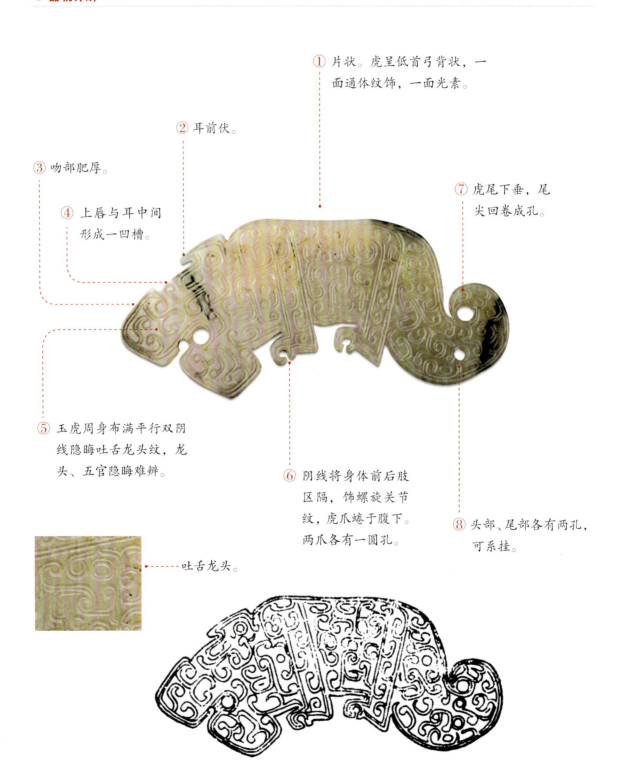

① 片状。虎呈低首弓背状，一面通体纹饰，一面光素。

② 耳前伏。

③ 吻部肥厚。

④ 上唇与耳中间形成一凹槽。

⑦ 虎尾下垂，尾尖回卷成孔。

⑤ 玉虎周身布满平行双阴线隐晦吐舌龙头纹，龙头、五官隐晦难辨。

⑥ 阴线将身体前后肢区隔，饰螺旋关节纹，虎爪蜷于腹下。两爪各有一圆孔。

⑧ 头部、尾部各有两孔，可系挂。

········ 吐舌龙头。

副图 4　虎形玉佩　春秋晚期

青色玉质。长 14.6、宽 4.4 厘米。河南省淅
川县下寺 1 号墓出土，现藏于河南博物院。

◎ **主要特征**

A. 玉虎吻部肥厚，额部呈一凹槽，是春秋部分虎头特征。

B. 阴线或重环纹刻划前后肢，或以龙头装饰于虎肩胛及髋部以此将身体各部位区隔，是春秋时期动物类器物特有的装饰手法（参见副图 4）。

C. 平行双阴线饰隐晦吐舌龙头，是春秋时期工艺技法。

D. 该器单面工，系春秋早期工艺特征。

主图5
玉浅浮雕吐舌龙纹虎形佩

春秋。青白玉质。长 13、宽 3.3、厚 0.6 厘米。1992 年陕西省宝鸡市益门村 2 号墓出土，现藏于宝鸡市考古研究所。

◎ 器物详解

① 板状。玉虎似珩形。

② 耳前伏，饰绚索纹。

⑨ 背部正上方有一圆孔。

③ 虎头略方，吻部肥厚。

⑧ 卷尾，尾部回卷呈一圆孔。

⑤ 绚索纹眼眉，长方形眼眶。

⑥ 口为一穿孔。

④ 上唇与耳中间形成一凹槽。

⑦ 玉虎弓背，身体边缘饰绚索纹，周身浅浮雕与阴刻线相结合繁复密集的隐晦吐舌龙头纹。前后肢皆屈收腹下，足部饰米珠纹。

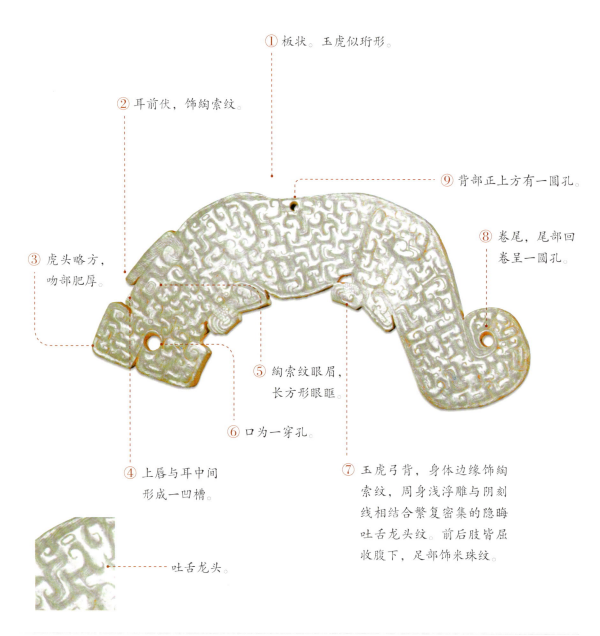

吐舌龙头。

◎ 主要特征

A. 浅浮雕与阴刻线相结合的繁复密集的隐晦吐舌龙头纹，是春秋时期典型纹饰特征之一。

B. 以米珠纹装饰足部比较少见，应为春秋时期特有纹饰。

C. 虎形玉佩自春秋时期开始出现背部穿孔，可看出玉佩从璜向珩改变。

主图6

玉虎龙凤复合型佩

春秋早期。青色玉质。长 14.2、宽 7.2、厚 0.2 厘米。河南省光山寺宝相寺黄君孟墓出土，现藏于河南博物院。

◎ **器物详解**

① 片状。虎与龙凤合雕，主题纹饰为虎形。较抽象。

④ 凤左侧羽翼似一龙头翘首于虎背之上。

② 虎耳为凤首，竖立头顶。

⑥ 虎臂部为一鱼尾纹，表示凤尾。

③ 上唇为凤右侧羽翼。

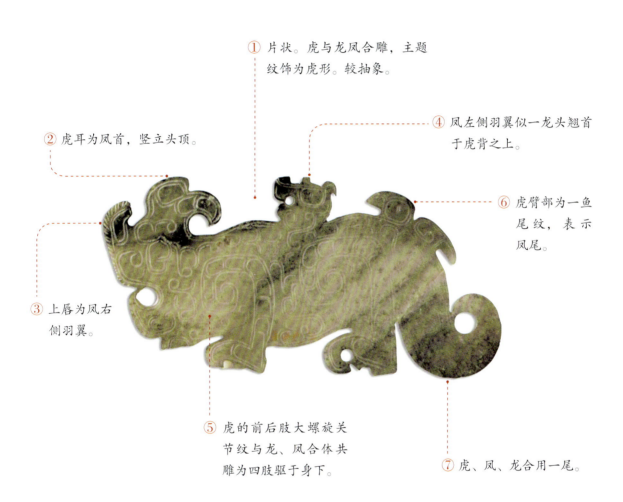

⑤ 虎的前后肢大螺旋关节纹与龙、凤合体共雕为四肢驱于身下。

⑦ 虎、凤、龙合用一尾。

◎ **主要特征**

A. 几种动物合雕的做法起源于新石器时代，盛行于商

周，春秋时期逐渐式微。

B. 阴刻线勾勒前后肢，是春

秋时期典型风格。

主图7

玉牛首

春秋。淡绿色玉质。高 2.51、宽 2.05、厚 0.25 厘米。山东省莒县龙山镇王家山村春秋墓出土，现藏于莒州博物馆。

◎ **器物详解**

① 片状，牛头形。

② 牛首双角向上内收合并成为一圆孔。

③ 面部阳刻曲线形成牛的五官。

④ 口部中央有一圆孔。

◎ **主要特征**

A. 玉牛双角向上向内收成一圆孔，是春秋时期承继西周玉牛首演变而来的造型。双角形成圆孔，口部中央亦有圆孔。

B. 五官以抽象纹饰表现，为春秋时期玉牛首的典型特征。

主图 8

玉浅浮雕牛形佩

春秋。灰黄色玉质。长 2.5、高 1.5、厚 0.4、孔径 0.2 厘米。陕西省宝鸡市益门村 2 号墓出土，现藏于宝鸡市考古研究所。

◎ **器物详解**

① 板状。造型为上下两个身体反向的玉牛。

② 以浅浮雕与阴刻线相结合的手法雕琢五官及四肢，形成隐晦龙形。

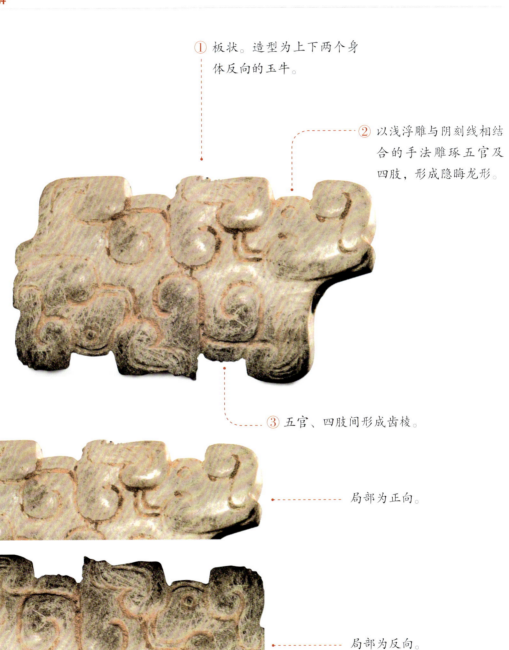

③ 五官、四肢间形成齿棱。

局部为正向。

局部为反向。

◎ **主要特征**

A. 以浮雕与阴线相结合的手法雕刻五官及四肢形成隐晦的造型，这种布局繁密、凹凸不平的独特装饰，是春秋时期特有的工艺手法。

小结

1. 整体造型

春秋时期动物题材玉器不多，多为片／板状，整体比较抽象的雕出动物轮廓。

玉虎呈低首弓背状，口尾下端平齐，此种造型是春秋虎形佩特有造型。

虎、龙、凤复合型题材仍有延续。

2. 头部造型和纹饰

角，春秋时期有角动物极少。玉牛首双角向上向内收成一圆孔，是春秋时期承继西周玉牛首演变而来的特有造型。

部分额部有扉棱。

眼多为椭圆形眼、长方形眼眶。

口部，春秋玉虎卷唇，吻部宽厚。玉虎吻部肥厚，上唇与耳中间形成一凹槽，是春秋玉虎头部特征。

3. 身体造型和纹饰

春秋时期玉雕动物身体多为扁平体长方形或方形，整体造型抽象。

四肢多卧于玉雕动物身下。

尾部多回卷成一圆孔。

4. 纹饰和工艺

春秋时期玉雕常见动物纹饰：眼眉为绹索纹，腹部为尖弧纹，躯干为卷云纹，关节为大螺旋纹，足部为米珠纹，尾部为勾连纹等。

在工艺上春秋时期常用阴刻线、平行双阴线、浅浮雕等雕刻技法雕琢各种纹饰。此时期常利用在玉雕动物器物表面雕琢单一的相互缠绕的浅浮雕隐晦变形龙纹，布局繁密，凹凸不平的装饰手法，是春秋时期典型的工艺特征。

战国时期动物造型与纹饰

简述

　　战国时期，随着铁质工具的广泛使用，大大促进了玉器制作技艺的发展。同时由于商贸市场的开发，各地的交流频繁，使得各国玉器艺术风格逐步趋于统一。此时期的玉器不仅较前朝更加精美灵巧，而且纹样新颖，琢磨细致，风格逐渐从商周旧礼制的束缚中摆脱出来，更加贴近生活。在动物题材玉器中，除了在玉组佩中出现的大量虎形璜外，出现了少量的圆雕写实动物。战国时期玉雕动物主要出自浙江、河南、湖北、山东等地，墓葬遗址主要有浙江省杭州市半山石塘小溪坞1号墓、山西省长治市分水岭84号墓、湖北省随州市擂鼓墩曾侯乙墓、河南省洛阳市金村东周王室墓、山东省曲阜市鲁国故城3号墓等。

主图 1
玉浅浮雕虎形佩

战国。鸡骨白色玉质。长 2.5、宽 1.2、厚 0.5 厘米。浙江省杭州市半山石塘小溪坞 1 号墓出土，现藏于杭州博物馆。

◎ **器物详解**

① 圆雕，虎呈低首奔跑状。

② 周身布满浅浮雕勾云纹，并以此纹饰表示五官、肢体及尾部。

③ 浅浮雕勾云纹耳。

④ 浅浮雕勾云纹鼻、口。

⑤ 浅浮雕勾云纹四肢。

⑥ 浅浮雕勾云纹尾。

⑦ 整器正反面纹饰相同。

◎ **主要特征**

A. 玉虎造型承袭前代，但厚而小巧，低首奔跑，活泼动感，是战国早期虎形玉雕的一种造型。

B. 玉虎五官、四肢及身体各部均以浅浮雕变形勾云纹构成，这是战国时期特有工艺风格。

C. 以阴刻"S"绞丝纹在虎的前肢与后肢之间流畅连接，以表示虎在运动中皮毛的动态，惟妙惟肖。

D. 战国浅浮雕勾云纹，较春秋时期布局更为疏朗。

主图 2
玉浅浮雕虎形佩

战国。青黄色玉质。长2.7、宽1.7、厚0.5厘米。山西省长治市分水岭84号墓出土，现藏于山西博物院。

◎ **器物详解**

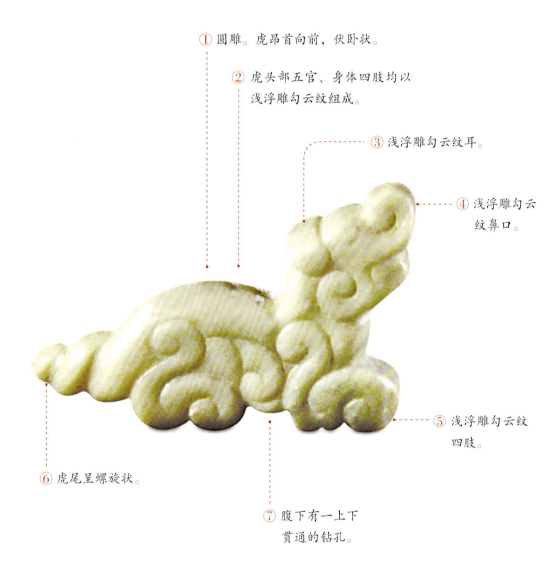

① 圆雕。虎昂首向前，伏卧状。

② 虎头部五官、身体四肢均以浅浮雕勾云纹组成。

③ 浅浮雕勾云纹耳。

④ 浅浮雕勾云纹鼻口。

⑤ 浅浮雕勾云纹四肢。

⑥ 虎尾呈螺旋状。

⑦ 腹下有一上下贯通的钻孔。

◎ **主要特征**

A. 玉虎佩短小厚实，是战国虎形佩的典型造型。

B. 浅浮雕勾云纹组成虎形，应是从春秋时期隐晦纹饰风格演变而来。

C. 玉虎尾部的螺旋状装饰，是战国时期肖生类玉器的特有的装饰。商周时期及汉代南越王墓也用于玉人头上的发髻。

玉龙凤虎复合型佩

战国早期。青色。长 9.6、宽 2.7、厚 0.1 厘米。湖北省随州市擂鼓墩曾侯乙墓出土，现藏于湖北省博物馆。

◎ **器物详解**

① 片状。双面工，纹饰各异，应为龙凤虎复合型。

② 虎头呈一反向龙头。

③ 圆眼，既是虎眼也是龙眼。

④ 一面雕伏虎。平行双阴线勾勒玉虎轮廓。周身纹饰完整。虎腿蹲踞，卷尾。

⑤ 尾部为一隐晦凤首。

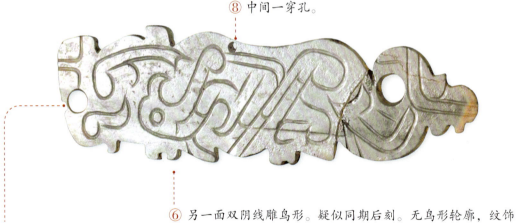

⑧ 中间一穿孔。

⑦ 口尾各有一孔。

⑥ 另一面双阴线雕鸟形。疑似同期后刻。无鸟形轮廓，纹饰散乱不规整。阴线雕出鸟首、圆眼、钩状喙及羽毛。

◎ **主要特征**

A. 这种龙凤虎合雕的形制是从春秋早期承继而来，春秋时期合雕纹饰一般在器物造型上，而该器是在虎首龙头复合纹饰上。

B. 平行双阴线雕刻是春秋时期流行工艺手法，该器为战国早期器物，应由前代承袭而来，工艺与前代无太大区别。玉佩后背中间穿孔从春秋时期开始出现，是由于玉佩从璜向珩功用上的演变。

C. 此器原始状态应为单面工，虎形为原雕，鸟纹应同时期后刻。

主图4

玉龙纹虎形佩

战国早期。青玉，半透明。长 9.5、厚 0.2 厘米。浙江省绍兴市坡塘公社狮子山西北坡 306 墓出土，现藏于绍兴市柯桥区文物保护管理所。

◎ **器物详解**

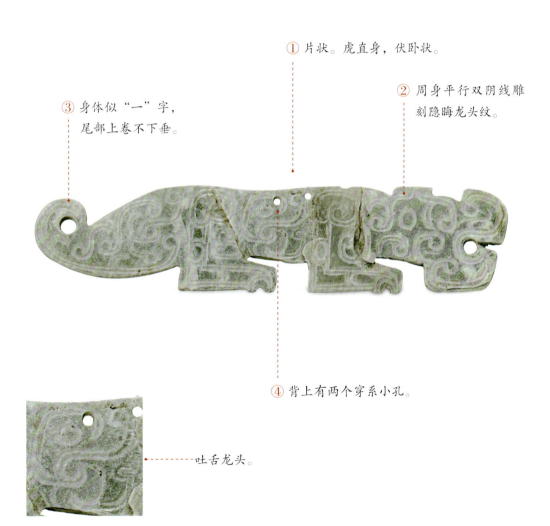

① 片状。虎直身，伏卧状。

② 周身平行双阴线雕刻隐晦龙头纹。

③ 身体似"一"字，尾部上卷不下垂。

④ 背上有两个穿系小孔。

吐舌龙头。

◎ **主要特征**

A. 此玉虎为片状，直身，其造型与春秋时期"珩"形有所不同。春秋时期玉虎"珩"为弓形，该玉虎口尾平齐。

B. 中间有穿孔是春秋虎形玉饰初见，战国时期相对普遍。

玉三区复合纹虎形佩

战国中期。黄玉质。长 10.9、宽 4.6、厚 0.1 ~ 0.2 厘米。河北省平山县三汲乡中山王墓出土，现藏于河北省文物考古研究院。

◎ **器物详解**

① 片状。呈伏虎状。

② 方形虎头。额部、耳部多处凹凸。

③ 耳伏于头顶。

④ 额上有方凸。

⑤ 浅浮雕椭圆形眼。

⑦ 背部隆起，腹部鼓圆。边缘部位饰绚索纹。

⑧ 周身三区纹饰：边缘绚索纹、中间尖弧纹、腹部浅浮雕隐晦龙纹。

⑥ 方口，上唇上卷，下唇内勾。

⑨ 以浅浮雕隐晦龙纹作前后肢，尾部上翘。

⑩ 背、尾部各一穿孔。

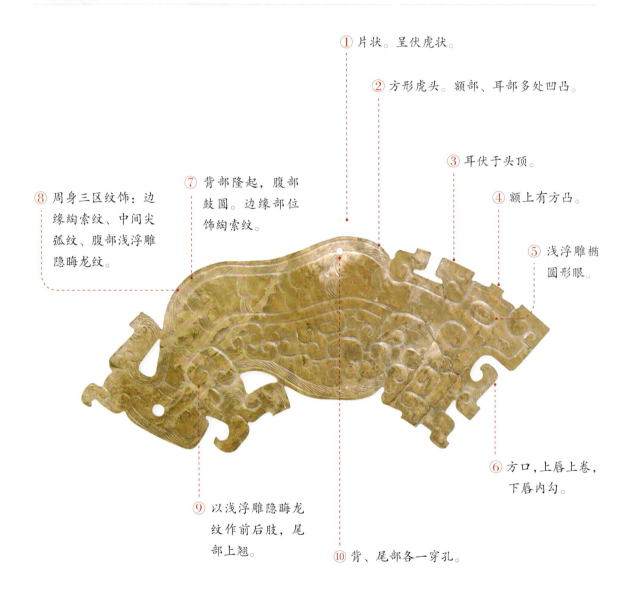

◎ **主要特征**

A. 浅浮雕椭圆形眼，是战国时期虎形玉佩肖生类题材的主要眼形。

B. 虎身边缘饰绚索纹，为春秋战国时期特征。

C. 虎形玉佩以三区纹饰装饰较为少见，属同类器物精品。

D. 虎形玉佩中间穿孔是战国时期普遍的穿孔方式。穿孔应与功用有关：头尾穿孔用于璜，中间穿孔用于珩。

主图6
玉龙纹虎形佩

战国。青色玉质。长 9.9、宽 4.4、厚 0.7 厘米。河北省平山县七汲中山国 1 号墓出土，现藏于河北省文物考古研究院。

◎ **器物详解**

① 板状。呈伏虎状，单面纹饰。

② 以浅浮雕勾云纹概括五官及身体。

④ 脊背阴刻绚索纹。

······ 隐晦龙头纹。

③ 以浅浮雕大螺旋纹雕琢前、后肢。

⑤ 虎背顶端、虎口、后足及虎尾各有一孔。

⑥ 背面光素，有墨书"集玉"二字。

◎ **主要特征**

A. 两周时期片状佩饰多为一面纹饰，一面光素。

B. 两件玉佩玉料相同，大小一致，纹饰一反一正，可合并成一模一样的一对佩饰，应是以成形对开的工艺方法制作的成组器物，两周时期颇为流行。

C. 有墨书的器物十分珍贵，罕见。

主图7
玉复合纹虎形佩

战国。黄白色玉质。长 14.8、宽 6.1 厘米。河南省洛阳市金村东周王室墓出土，现藏于美国弗利尔美术馆。

◎ **器物详解**

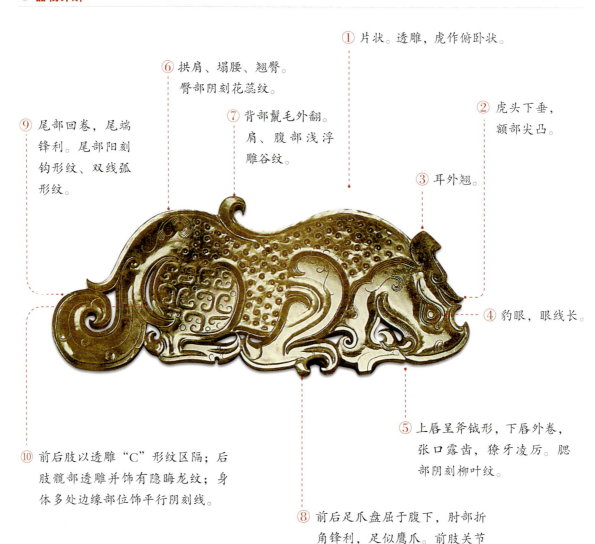

① 片状。透雕，虎作俯卧状。

⑥ 拱肩、塌腰、翘臀。臀部阴刻花蕊纹。

⑦ 背部鬣毛外翻。肩、腹部浅浮雕谷纹。

② 虎头下垂，额部尖凸。

③ 耳外翘。

⑨ 尾部回卷，尾端锋利。尾部阳刻钩形纹、双线弧形纹。

④ 豹眼，眼线长。

⑤ 上唇呈斧钺形，下唇外卷，张口露齿，獠牙凌厉。腮部阴刻柳叶纹。

⑩ 前后肢以透雕"C"形纹区隔；后肢髋部透雕并饰有隐晦龙纹；身体多处边缘部位饰平行阴刻线。

⑧ 前后足爪盘屈于腹下，肘部折角锋利，足似鹰爪。前肢关节处阴刻花蕊纹。

◎ **主要特征**

A. 虎形玉佩边角犀利见锋，工艺精湛，最具战国时期风格。

B. 玉虎为豹眼，这是战国时期猛兽的经典眼形。

C. 前后肢重点刻划并作为身体各部位的区隔，是春秋战国时期特有的时代风格。

D. 对身体不同部位分别进行不同纹饰及工艺的雕刻，是战国时期最具代表性的经典之作。

E. 该器隐晦龙头更加概括抽象，部分互为共用。

F. 该器是战国时期不可多得的玉器珍品。

主图 8
玉奔鹿形佩

战国。灰白色玉质。长 5.9、高 1.2 厘米。湖北省江陵县雨台山出土，现藏于湖北省文物考古研究所。

◎ **器物详解**

① 圆雕。鹿长条形。呈飞奔状。

② 玉鹿昂首，双耳后耸。

③ 橄榄眼。

④ 闭口。

⑤ 四肢修长，前后肢呈"一"字形。

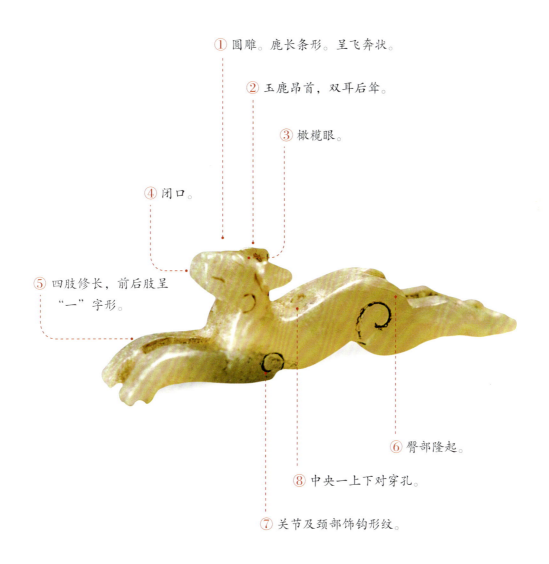

⑥ 臀部隆起。

⑧ 中央一上下对穿孔。

⑦ 关节及颈部饰钩形纹。

◎ **主要特征**

A. 奔鹿是战国晚期至汉代开始出现的新造型，为玉器史中玉鹿造型重要创新。

B. 橄榄形眼是战国时期动物类眼形。

C. 玉鹿飞奔四肢伸开呈"一"字形奔跑状。这种写实活泼的造型，是战国时期首创。

主图9
玉立马

战国。黄色玉质。高 5.7、长 4.5、宽 1.8 厘米，底座长 2.3、宽 1.7、厚 0.35 厘米。
山东省曲阜市鲁国故城 3 号墓出土，现藏于曲阜孔府文物档案馆。

◎ **器物详解**

① 圆雕。玉马为站立状。

② 三角形耳。

④ 额部与直鼻相连，一笔勾勒。

⑤ 浅浮雕杏核眼，凸睛。

③ 两腮宽大略凸。

⑥ 圆形盲孔饰鼻。

⑦ 阳起双唇，下颌略向内凹。

⑧ 身体短粗圆润，胸肌强健，臀部丰满。

⑨ 柱形前肢，后肢微屈，蹄足分明。

⑩ 马身整体光素无纹。

⑪ 足下有一平板。

◎ **主要特征**

A. 战国圆雕站立式玉马通体光素无纹，造型短粗圆润。

B. 浅浮雕五官，注重五官的神采表达。

C. 玉马四肢粗壮、有力，雕刻写实。

D. 战国玉马注重腮部表现，双腮宽大、厚实、凸出脸颊，造型与秦代陶马有相似风格。

小结

1. 整体造型

战国玉雕动物分为圆雕和片状／板状，主要呈站立状、俯卧状、奔跑状等。整体造型基本沿袭前代，其中浅浮雕勾云纹组成虎形，是从春秋时期隐晦纹饰风格演变而来。奔跑玉鹿是战国晚期至汉代开始出现的新造型，为鹿纹史上一个重要的创新。

2. 头部造型和纹饰

战国玉雕动物头部主要以表现动物头部正面和侧面两种形式为主，侧面形象较为抽象。

耳朵多为三角形耳和抽象的浅浮雕耳。

眼睛多为圆眼、椭圆形眼、橄榄形眼、杏核眼和豹形眼。豹形眼是战国时期猛兽的经典眼形。

嘴部多为闭口或者微张。

3. 身体造型和纹饰

战国时期玉雕动物身体主要沿袭了前代，多为扁平体长方形或方形，比春秋时期略厚且显得小巧。

站立状动物四肢粗壮。前后肢重点刻划并作为身体各部位的区隔，是春秋战国时期特有的时代风格。其中玉鹿四肢伸开呈"一"字形跳跃奔跑状，写实活泼的造型是战国时期的创举。

尾部回卷或呈"一"字。其中玉虎的螺旋状尾，是战国时期肖生类玉器的中特有的装饰。

4. 纹饰和工艺

战国时期常见动物纹饰有勾云纹、隐晦龙纹、柳叶纹、谷纹、花蕊纹、钩形纹、双线弧形纹等。

在工艺上战国时期常用浅浮雕与阴刻线相结合的工艺技法。其中片状器物边角犀利见锋，此种工艺是战汉时期经典的工艺风格。

汉代动物造型与纹饰

简述

　　汉代动物题材玉器，在承继战国玉雕艺术的基础上，题材和造型有了很大的发展。由于受当时社会崇尚长生不死、羽化登仙等道教思想影响，玉雕出现了马和仙人结合的题材。同时，灵芝仙草也出现在玉雕作品中。在汉代动物玉雕占比较重要地位的，是此时期新出现的玉辟邪。汉代玉雕动物主要出自山西、甘肃、陕西、江苏等地，出土墓葬、遗址主要有山西省朔州市平朔露天矿生活区汉墓群、甘肃省正宁县西侯乡汉墓、陕西省长安县茅坡汉墓、陕西省西安市南郊山门口汉墓、陕西省咸阳市渭城区周陵乡新庄村、江苏省扬州市邗江区甘泉老虎墩东汉墓等。

主图 1

玉虎镇

西汉。灰白色玉质。长 6.7 厘米。山西省朔州市平朔露天矿生活区汉墓出土，现藏于山西省考古研究院。

◎ **器物详解**

① 圆雕。虎侧卧回首状，整体呈椭圆形。

② 高浮雕五官，额部高高隆起与鼻相连。

③ 眉骨高耸。

⑤ 管状直鼻，圆坑鼻孔。

④ 豹眼瞪视前方，目光如炬。

⑧ 体态雄壮，四肢盘屈于体侧。后肢髋部高翘。

⑥ 张口，上唇呈"人"字形翘起，呈龇牙咧嘴状。

⑦ 下唇平齐略向上翻，口裂处呈圆形。

⑨ 阴线饰螺旋关节纹。

副图 1　玉印　西汉中期

玉灰白色。高 2.2、长 2.7、宽 2.7 厘米。
河北省满城县陵山 1 号墓出土，现藏于
河北博物院。

副图 2　玉印　西汉中期

玉灰白色。高 2.3、长 2.8、宽 2.8 厘米。
河北省满城县陵山 1 号墓出土，现藏于
河北博物院。

◎ 主要特征

A. 圆雕侧卧虎形玉镇自汉代开始出现。卧虎四肢平齐均在身体一侧与身体共同形成椭圆状。椭圆形卧虎造型流行至唐宋时期。之前各代玉兽造型均为俯卧，四肢屈于身下。

B. 汉代玉虎五官立体感强，由于眉骨高，豹眼似嵌在眉骨之下，有目光如炬瞪视前方的艺术效果，这是汉代刻划凶猛类动物眼神的独到之处。

C. 猛兽多为张口，上唇呈"人"字形两端翘起，龇牙咧嘴状，口裂处呈圆形，是汉代刻划猛兽的嘴部时代特征。

D. 器平底，底部呈椭圆形，这类造型东汉唐宋时期也多有出现。

玉猪

汉代。青色玉质。长 12.1、宽 2.4、高 2.9 厘米。甘肃省正宁县西侯乡汉墓出土，现藏于甘肃省博物馆。

◎ **器物详解**

① 圆雕。卧猪，长条圆柱状。

② 口部平齐，阳线雕刻两三道弦纹。

⑤ 尾部呈几何形，立于臀后。

③ 以简约"汉八刀"勾勒五官、四肢轮廓，刀口呈月牙形。

④ 前后足屈于身体两侧。

⑥ 尾部有一穿孔。

⑦ 平底。

◎ **副图**

副图 3　玉猪　西汉晚期

玉质青白色。均高 2.9、长 11.5、宽 2.2 厘
米。江苏省扬州市邗江甘泉姚庄 102 号墓
出土，现藏于扬州博物馆。

副图 4　玉猪　西汉

河南省淮阳北关 1 号汉墓出土。

◎ **主要特征**

A. 汉代玉猪嘴部、腹部及尾部均呈平面，这种造型是汉玉猪的特征之一。

B. 玉猪口部通常阳浅雕刻两三道弦纹。

C. 仅用八刀即可表现玉猪及玉翁仲，这种技法俗称"汉八刀"，该技法刀口呈月牙形。"汉八刀"是汉代玉雕仅有的经典雕刻技法。

D. 几何形尾，是汉代玉卧猪的尾形。

E. 汉代玉猪大多尾部有一穿孔，部分口部下端也有穿孔，是汉代玉猪典型特征。

F. 该器为握在墓主手中的明器，也称玉握。

西汉。青色玉质。长 11.5、高 4.4、厚 0.7 厘米。陕西省长安县茅坡汉墓出土，现藏于西安市文物保护考古研究院。

◎ **器物详解**

① 板状。伏卧，形似野猪。

② 叶形耳。

③ 阴刻眉毛。

④ 菱形眼。耳、眼各饰短阴线。

⑥ 肩部弓起，一排短小阴刻线表示鬃毛。

⑦ 螺旋纹刻划四肢关节。

⑤ 长嘴前凸，阴刻向上獠牙。

⑧ 短尾回卷，形成小圆孔。

◎ **主要特征**

A. 板状／片状玉猪是汉代玉　　种造型并不多见，是汉代　　B. 菱形眼，是汉代动物类玉
猪另种造型，似野猪，此　　非典型玉猪形象。　　　　　　雕常见眼形。

主图4
玉卧猪

西汉。灰白色玉质。一对。长 13.5、高 5 厘米。陕西省西安市南郊山门口汉墓出土，现藏于西安市文物保护考古研究院。

◎ 器物详解

① 圆雕，卧猪，造型写实。

② 大耳贴于头后两侧。

③ 杏核眼，眼梢长。

⑥ 身体滚圆，垂肚，前后肢屈卧，阴线勾勒关节轮廓。

④ 吻部前凸，雕弦纹褶皱，圆形盲孔饰鼻孔。

⑤ 腮部阳起，界限分明。

⑦ 四肢卧于身下。

⑧ 阴线刻划蹄足。

◎ 副图

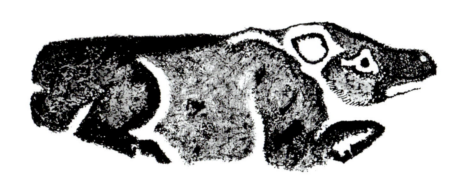

副图5　石刻猪　西汉
陕西省兴平县茂陵附近霍去病墓前石刻。

副图6　玉猪　西汉
青色玉质。高9、长26厘米。陕西省西安市
北郊席王村汉城遗址出土，现藏于西安市文
物保护考古研究院。

◎ 主要特征

A. 造型生动写实，这是西汉玉猪新造型。

B. 汉代注重对动物腮部的刻划。

C. 汉代动物类杏核眼，眼梢长。

D. 注重刻划动物肌肉感，阴线勾勒肌肉轮廓，形象写实，是汉代对动物类器物的新技法，并对后代影响深远。

主图5
玉仙人骑马

西汉。白色玉质。高 7、长 8.9 厘米。1965 年陕西省咸阳市周陵乡新庄村汉元帝渭陵建筑遗址中出土，现藏于咸阳博物馆。

◎ **器物详解**

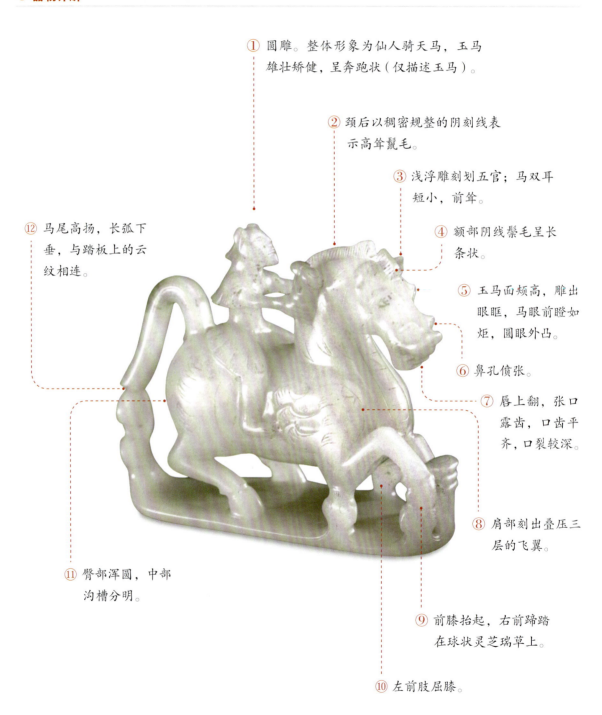

① 圆雕。整体形象为仙人骑天马，玉马雄壮矫健，呈奔跑状（仅描述玉马）。

② 颈后以稠密规整的阴刻线表示高耸鬃毛。

③ 浅浮雕刻划五官；马双耳短小，前耸。

④ 额部阴线鬃毛呈长条状。

⑤ 玉马面颊高，雕出眼眶，马眼前瞪如炬，圆眼外凸。

⑥ 鼻孔偾张。

⑦ 唇上翻，张口露齿，口齿平齐，口裂较深。

⑧ 肩部刻出叠压三层的飞翼。

⑨ 前膝抬起，右前蹄踏在球状灵芝瑞草上。

⑩ 左前肢屈膝。

⑪ 臀部浑圆，中部沟槽分明。

⑫ 马尾高扬，长弧下垂，与踏板上的云纹相连。

⑬足踏板底部阴刻云气纹，云气纹
为深雕与细阴线相互缠绕而成。

◎ **主要特征**

A. 汉代受道教羽化升仙思想影
响，出现许多与此相关的纹
饰，如羽翼纹、云气纹等，
是汉代典型辅助纹饰。
B. 汉代肖生玉器身体均饰羽
翼，羽翼纹呈叠压三层深

浅不等的卷曲羽毛形。羽
翼纹是汉代典型的纹饰。
C. 汉代云气纹以浅浮雕涡纹、
粗线与细线相互缠绕，云
头边缘饰阴刻线为特点。
D. 玉马与汉代陶器造型相似。

立耳前耸，雕眼眶，眼向
前注视，鼻孔偾张，张口
露齿，五官立体、俊朗。
E. 该器是西汉玉雕中国宝级
艺术珍品。

主图6
玉卧牛

西汉。青色玉质。长 21、宽 7、高 7 厘米。陕西省蒲城县贾曲乡西贾曲村遗址出土，现藏于陕西历史博物馆。

◎ **器物详解**

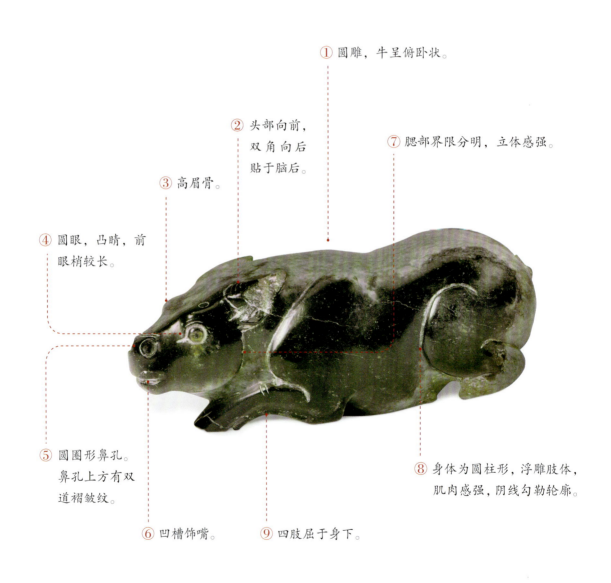

① 圆雕，牛呈俯卧状。

② 头部向前，双角向后贴于脑后。

⑦ 腮部界限分明，立体感强。

③ 高眉骨。

④ 圆眼，凸睛，前眼梢较长。

⑤ 圆圈形鼻孔。鼻孔上方有双道褶皱纹。

⑥ 凹槽饰嘴。

⑨ 四肢屈于身下。

⑧ 身体为圆柱形，浮雕肢体，肌肉感强，阴线勾勒轮廓。

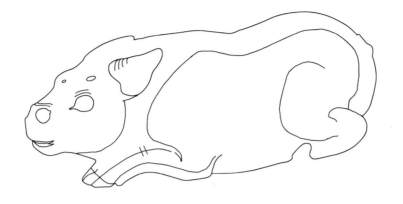

◎ **副图**

副图 7　玛瑙牛头形坠　西汉
　　高 2.5、宽 2.2、厚 0.7 厘米。云南省
晋宁县石寨山 12 号墓出土，现藏于
云南省博物馆。

◎ **主要特征**

A. 俯卧状是汉代圆雕玉牛主
要造型。

B. 汉代动物类玉器普遍为出

梢圆眼。

C. 浮雕与阴线结合勾勒动物
四肢肌肉轮廓，是汉代重

要工艺特征。

D. 汉代动物类器物底部通常呈
菱形，四肢分明。

主图7
玉卧羊

西汉。青白玉质。长5.5、高3.2厘米。现藏于中国国家博物馆。

◎ **器物详解**

① 圆雕。羊呈跪卧状。

② 羊头似三角形，较小；羊角粗壮，盘屈于脖颈两侧，角饰节纹。

③ 额部隆起与鼻相连。

④ 凸雕眼眶，菱形眼。

⑤ 阴线饰口。

⑥ 胸部棱形凸起，两侧饰规则阴刻短线。

⑦ 玉羊身体肥硕。

⑧ 四肢跪卧，以阴刻短线装饰轮廓。

⑨ 玉羊双前肢距离较宽，膝部突出胸前。

⑩ 玉羊底部四肢呈菱形，蹄趾分明。

◎ **副图**

副图 8　卧羊形玉佩　汉代

黄白色玉质。长 3.5、高 2 厘米。现藏于武汉博物馆。

副图 9　玉卧羊　东汉

青色玉质。长 6.4、高 4.2 厘米。现藏于天津博物馆。

副图 10　玉羊首　汉代

白色玉质。长 3、宽 2.8、高 1.8 厘米。现藏于天津博物馆。

◎ **主要特征**

A. 跪卧状是汉代玉羊的主要造型。

B. 汉代玉羊头呈三角形，头小角大。

C. 汉代动物类器物普遍为菱形眼。

D. 汉代玉羊通常身体肥硕，四肢细瘦，不成比例。

E. 玉羊腮部、胸部、腿关节处饰有整齐的短直阴线表示体毛。这种装饰风格对后代具有深远影响。

F. 底部四肢呈菱形，是汉代动物造型底部特征。

玉立熊

西汉。白色玉质。高4.8、长8、宽3.3厘米。陕西省咸阳市渭城区周陵乡新庄村出土，现藏于咸阳博物馆。

◎ **器物详解**

① 圆雕。玉熊为站立状。

② 玉熊头部平坦，吻部微尖。

③ 腮部阳起凸棱一笔勾勒至耳部，耳卷屈呈圆形。腮部饰有短小阴刻线。

④ 阴刻双圈圆眼，眼球圆凸。

⑤ 阴刻线饰口、鼻。

⑥ 身体滚圆，颈部隆起，塌腰，圆臀。

⑦ 前后肢肌肉感强，小胫外侧以短小阴刻线装饰。

⑧ 四足，圆爪团握。

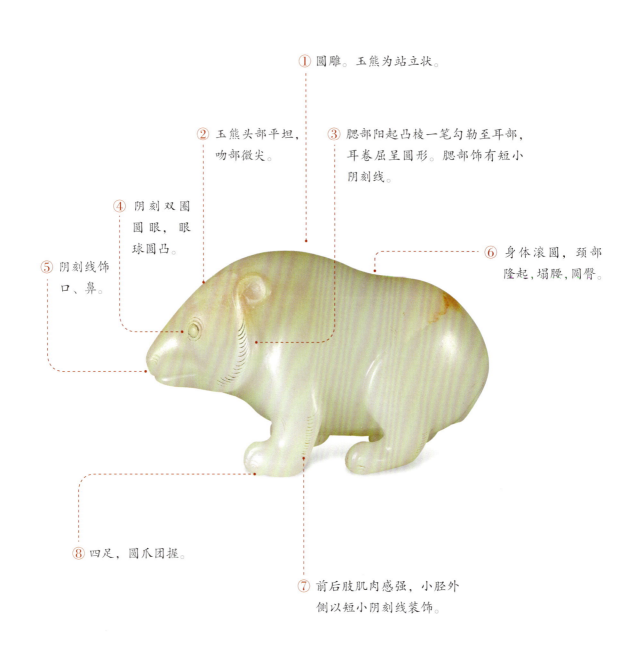

◎ **副图**

副图 11　玉熊　西汉
青白色玉质。高 6.3、长 20.3、宽 8.25 厘米。
江苏省徐州市北洞山楚王墓主墓墓室出土，现
藏于徐州博物馆。

◎ **主要特征**

A. 圆雕站立玉熊是汉代动物
类器形的重要种类。

B. 注重动物腮部刻划，是汉
代动物典型工艺手法。

C. 腮至耳部一笔勾勒，耳卷
屈呈圆形，并饰短小阴刻
线，是汉代玉熊的表现
手法。

D. 圆圈眼，是汉代动物类器
物眼形的一种。

E. 浮雕前后肢，突出肌肉感，
是汉代重要工艺特征。

主图 9

玉獬豸

西汉。白色玉质。长 4.5、高 3.7、厚 1.6 厘米。陕西省西安市三桥镇汉墓出土，现藏于西安市文物商店。

◎ **器物详解**

① 圆雕。獬豸呈昂首俯卧状。

② 獬豸造型似羊，头上尖角直立，双耳内拢后耸。

④ 吻部浑圆，闭口。

③ 高眉骨，圆眼嵌于眉骨之下，怒目圆睁，直视前方。

⑥ 腮部以阴刻线区隔。

⑤ 颈部饰鬃毛。

⑦ 獬豸肌肉雄厚丰满，阴刻线勾勒轮廓。

⑧ 一前肢屈起，足蹄踏地；其他三肢呈屈卧状。

⑨ 短尾。

◎ **主要特征**

A. 獬豸是传说中能识善恶忠奸的神兽,是勇猛公正的象征,其造型在汉代甚为流行。

B. 一前肢屈起,足蹄踏地,其他三肢呈屈卧状,是獬豸的造型。

C. 高眉骨,圆眼嵌于眉骨之下,腮部以阴刻线区隔,是汉代玉兽共同特征。

D. 胸、颈、四肢均以阴刻线装饰,是汉代常见的装饰风格。

玉辟邪

西汉。白色玉质。高 5.4、长 7、宽 4.6 厘米。陕西省咸阳市周陵乡新庄村汉元帝渭陵"长寿宫"遗址出土，现藏于咸阳博物馆。

◎ 器物详解

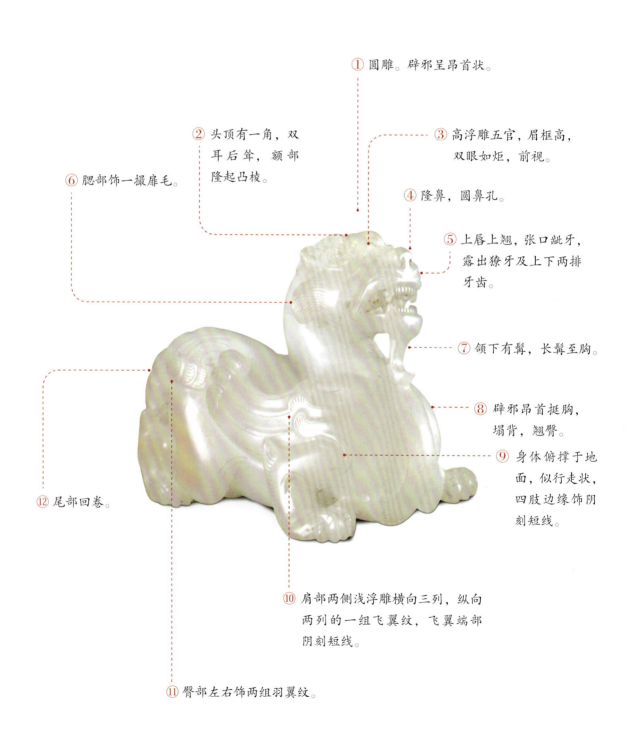

① 圆雕。辟邪呈昂首状。

② 头顶有一角，双耳后竖，额部隆起凸棱。

③ 高浮雕五官，眉框高，双眼如炬，前视。

④ 隆鼻，圆鼻孔。

⑤ 上唇上翘，张口龇牙，露出獠牙及上下两排牙齿。

⑥ 腮部饰一撮扉毛。

⑦ 颌下有髯，长髯至胸。

⑧ 辟邪昂首挺胸，塌背，翘臀。

⑨ 身体俯撑于地面，似行走状，四肢边缘饰阴刻短线。

⑩ 肩部两侧浅浮雕横向三列，纵向两列的一组飞翼纹，飞翼端部阴刻短线。

⑪ 臀部左右饰两组羽翼纹。

⑫ 尾部回卷。

副图 12　玉辟邪　西汉

白色玉质。高 5.4、长 7 厘米、宽 4.6 厘米。陕西省咸阳市周陵乡新庄村汉元帝渭陵"长寿宫"遗址出土，现藏于咸阳博物馆。

副图 13　玉辟邪　西汉

陕西咸阳汉渭陵出土。

◎ **主要特征**

A. 昂首撑卧，前肢弯屈，在身体两侧撑起，爪呈握拳状，是汉代辟邪造型之一。

B. 头部饰腮毛，下颌有髯。

眼神如炬，前视。獠牙凌厉，牙齿整齐清晰，是汉代辟邪头部共同特征。

C. 汉代崇尚灵魂不死，羽化升仙，大多肖生玉肩、臀部均饰飞翼，是西汉辟邪的身体特征。

主图 11

玉辟邪

西汉。白色玉质。长 5.8、高 2.5 厘米。陕西省咸阳市渭城区周陵乡新庄村出土，现藏于咸阳博物馆。

◎ 器物详解

① 圆雕。辟邪呈匍匐状，似觊觎姿态，头扭向一侧。

② 独角分叉，向两侧外卷贴于颈后。

③ 饰腮毛。

④ 高浮雕五官，三角形耳上耸。

⑤ 双眼如炬，前视。

⑥ 隆鼻。

⑦ 阔口，上唇翘起，呈龇牙咧嘴状。

⑧ 身体和头部基本呈水平状，前肢弯屈，在身体两侧撑起，肘部硬折，团爪。

⑨ 腹部腾起，身体两侧饰飞翼。

⑩ 四肢微弓，均饰短小阴刻线。

⑪ 后肢蹬踹，肘部尖凸硬折。

⑫ 尾部回卷于臀部。

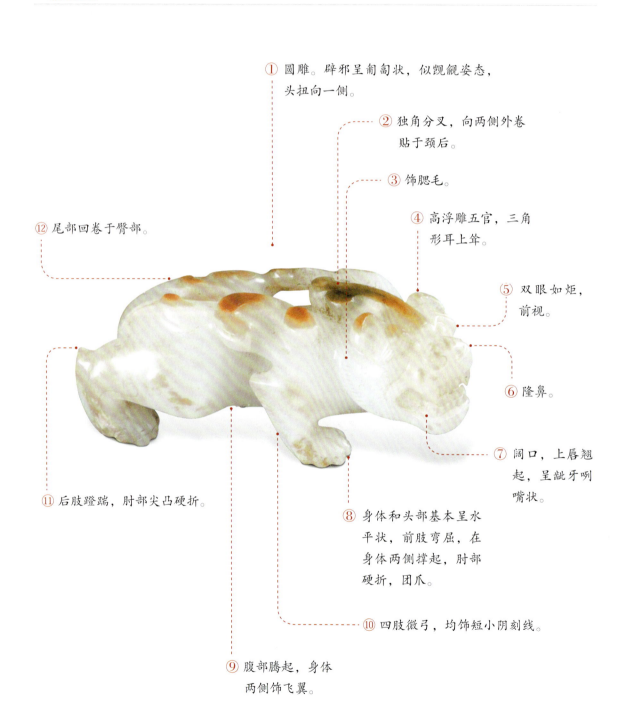

◎ **副图**

副图 14　玉辟邪　汉代

白色玉质。长 10.9、高 3 厘米。现藏于故宫
博物院。

副图 15　玉豹　西汉

青色大理岩质，高 14.3、长 23.5、宽 13 厘米。
江苏省徐州狮子山楚王墓出土。

◎ **主要特征**

A. 匍匐状辟邪，头与身体呈
水平状，四肢微弓在身体
两侧撑起，是汉代辟邪另
一种造型。

B. 独角贴于头顶。也有"独
角为天禄，双角为辟邪，

无角为狮子"的说法（唐
代以后），狮子名称比较
统一，但业内多数学者将
独角（天禄）、双角（辟邪）
统统归为辟邪。

C. 汉代肖生玉四肢边缘刻

有阴刻短线，此工艺影响
深远。

D. 汉代部分肖生玉四肢关节
处硬折。

主图 12

玉辟邪

东汉。青色玉质。残高 18.5、长 18、宽 6.7 厘米。陕西省宝鸡市北郊汉墓出土，现藏于宝鸡青铜器博物馆。

◎ 器物详解

① 圆雕。辟邪昂首挺胸，作冲天吼状。有残缺。

② 双耳后耸。

③ 双眼如炬，前视。

④ 隆鼻，鼻尖翘起。

⑤ 张嘴阔口，牙齿缺无。

⑥ 饰腮毛，有髯髯。

⑦ 肩部两侧饰横向三列，纵向两列的一组飞翼。

⑧ 身体上用阴刻圆圈纹、云纹作装饰。

⑨ 四肢蹬地，腿上饰短小阴刻线。

⑩ 辟邪头后有一长方体榫座，背上凸出圆筒状孔形榫座。

副图 16　玉辟邪　东汉

青黄色玉质。长 13.2 厘米、高 9.3
厘米。现藏于台北故宫博物院。

◎ **主要特征**

A. 辟邪昂首挺胸呈向天吼
状，是东汉辟邪的主要造
型特征。

B. 辟邪肩部飞翼纹较之西汉
更长。

C. 周身用阴刻线雕云纹、圆
圈纹作为装饰，是东汉辟
邪装饰特征。

D. 尾长而华丽。

主图 13
玉花叶纹辟邪形壶

东汉。青白玉质。高 6.8、宽 6、厚 4.5 厘米。江苏省扬州市邗江区甘泉老虎墩东汉墓出土，现藏于扬州博物馆。

◎ **器物详解**

① 圆雕。辟邪呈蹲坐状。

② 高浮雕辟邪头部及五官，有腮毛。

③ 眼眶隆起，"S"形双眉。

④ 双眼前视。

⑤ 隆鼻，有鼻孔，鼻尖上翘。

⑥ 上唇翘起，呈龇牙咧嘴状，卷舌，有上下獠牙及两排牙齿。

⑦ 蹲坐，右手平托灵芝仙草，左手撑地。

⑧ 露乳。

⑨ 胸前阴刻一排排花叶纹。

⑩ 背部饰飞翼。

⑪ 辟邪头顶开圆口，上置环纽银盖。

副图 17　琥珀辟邪　东汉
　　琥珀质红色。高 2 厘米。江苏省徐州市土山
汉墓出土，现藏于南京博物院。

副图 18　玉天禄　东汉
　　青玉质。高 2.1 厘米。江苏省徐州市土山东
汉墓出土，现藏于南京博物院。

◎ **主要特征**

A. 玉辟邪呈蹲坐状，是东汉
　中后期辟邪的新演变。
B. 胸前以排列有序的花叶纹
　表示皮毛，是东汉时期装
饰风格。
C. 东汉中后期辟邪面像失去
　了前代的威猛，向温顺可
　爱发展。
D. 露乳、露脐，是东汉辟邪
　的主要特征。

玉母子辟邪瓶

东汉。青白玉质。高 5.3、宽 4.7 厘米。现藏于故宫博物院。

◎ **器物详解**

① 圆雕。辟邪呈蹲坐状。器外壁浮雕一大二小三只辟邪，作嬉戏状。以下仅对大辟邪进行描述。

② 大辟邪头呈三角形，双角双耳后伏。

③ 有腮毛。

④ 额部阴刻双圈几何形纹。

⑥ 豹眼嵌于眉骨之下，目光如炬，直视前方。

⑦ 直鼻，鼻下端两道阴线，如意形鼻头。

⑤ 眉骨高，眉眼均勾勒轮廓，眉上饰短阴线。

⑧ 口大张，上唇两端上翘，龇牙、露齿、卷舌。

⑨ 颔下有髯，髯飘拂至胸部。

⑩ 大辟邪耸肩，缩颈，身上攀附两只小辟邪作嬉戏状，下肢弯屈，双足交叉呈蹲坐态，底部中央有一圆柱体。

⑪ 尾垂于地，腹下有羽翅纹及圆圈纹，肢体边缘饰阴刻线。

⑫ 此器呈椭圆形，内部掏空。

◎ **主要特征**

A. 汉代刻划凶猛形动物均有腮毛；眉骨高，豹眼嵌于眉骨之下，目光如炬；上唇两端上翘，龇牙露齿；颔下有髯等共同特点，玉辟邪和螭虎还有鼻上端饰两道阴线的特点。

B. 东汉辟邪造型发生巨大改变，不仅为蹲坐状，面部表情也变得温和、滑稽，与铜器辟邪造型相似，极具本时代特征。

C. 辟邪蹲坐状；拟人造型，手上多持物等特征，为东汉始见。

D. 东汉辟邪身上布满羽翅纹、圆圈纹。

E. 东汉辟邪除了陈设之外，多有实用功能。该器造型风格与扬州甘泉老虎墩出土辟邪药瓶类似，可能为装丹药之瓶。

小结

1. 整体造型

汉代动物题材玉器主要有圆雕和片状／板状两种，主要呈站立状和俯卧状、蹲坐状等，同时汉代出现了一些新的动物题材和造型，如獬豸、辟邪等瑞兽玉器。汉代开始出现圆雕侧卧玉虎，流行至唐宋时期。汉代受道教羽化升仙思想影响，出现了仙人骑马造型。

2. 头部造型和纹饰

角部，汉代有角动物主要有羊、辟邪、獬豸等。玉羊双角回卷于头部两侧。辟邪、獬豸角部主要有独角和分叉独角。

耳部为双耳贴于头部两侧或立于头顶，有的双耳后耸贴于头部。

眼睛为圆眼、双圆圈眼、菱形眼、豹眼等。其中汉代玉虎眉骨高，豹眼嵌在眉骨之下，目光如炬呈现出瞪向前方的艺术效果，这是汉代刻划动物凶猛眼神的独到之处。

嘴部为闭口、前凸、龇牙咧嘴等几种造型。汉代玉雕动物在嘴部比较注重腮毛和长髯的刻划。

3. 身体造型和纹饰

汉代动物身体主要为圆柱体或扁平体，整体造型非常写实。

常见动物题材四肢多屈于身下或呈站立状，底部四肢呈菱形，这是汉代动物造型底部重要特征。

汉代辟邪呈匍匐状，昂首怒吼状或蹲坐状，身体前肢弯屈，在身体两侧撑起，肘部及边缘有短阴线装饰，爪呈握拳状。挺胸塌背，肩部饰横向三列，纵向两列的一组飞翼纹。后肢蹬踹，圆臀高翘，臀部饰有相同一组飞翼。东汉时期，辟邪造型发生巨大变化，多拟人造型，呈蹲坐嬉戏状，这是东汉辟邪主要身体特征。

4. 纹饰和工艺

汉代受道教羽化升仙思想影响，出现许多与此相关的纹饰。身体常饰云气纹、羽翼纹，羽翼纹呈叠压三层深浅不等的卷屈羽毛形纹饰，羽翼纹是汉代典型的纹饰风格。汉代玉雕动物其他常见纹饰为云纹、圆圈纹、钩形纹、涡纹等。

在工艺上汉代比较独特的技法为汉八刀，在玉猪周身仅用斜刀技法表示猪的五官及四肢。汉八刀是汉代唯有的经典雕刻技法。

汉代比较注重刻划动物肌肉感，利用浮雕与阴线结合勾勒肌肉轮廓是汉代雕刻动物类器物的新技法；汉代玉雕动物注重细节的刻划，常在动物腮部、胸部、腿关节处用大量整齐的短直线阴线饰体毛，这些装饰风格和工艺技法对后代具有深远影响。

魏晋南北朝动物造型与纹饰

简述

　　魏晋南北朝时期，社会动荡不安，战乱纷起，玉文化的发展受到了抑制。此时期的动物题材玉器更是少之又少，玉雕动物基本都是延续了汉代风格。主要出土于江苏、安徽、甘肃等地。本文所收录的器物主要出自江苏省南京市中央门外郭家山东晋墓、安徽省当涂县青山六朝墓、甘肃省武威市灵钧台遗址等墓葬遗址以及天津博物馆、洛阳博物馆、南京市博物馆等博物馆的馆藏。

主图 1
滑石猪

东晋。滑石质。高 2.4、长 10.6 厘米。江苏省南京市中央门外郭家山东晋墓出土。现藏于南京市博物馆。

◎ **器物详解**

① 圆雕。猪呈长条形。

② 双耳贴于颈部，耳朵尖长。

③ 阴刻线雕杏核眼，眼梢弯曲。

⑧ 尾部短小。

④ 脸颊饰三道弧线。

⑤ 腮部外撇，并饰短阴刻线。

⑥ 吻部窄长，并饰三四道旋纹，嘴唇出棱，小圆盲孔饰鼻孔。

⑦ 深刀刻划出四肢，小胫细长，卧于身下。

◎ **主要特征**

A. 滑石是魏晋南北朝时期典型材料。

B. 滑石猪形状写实，是汉晋时期特有造型。

主图 2

玉猪

六朝。青色玉质。长 11.23、宽 2.51、高 2.64 厘米。安徽省当涂县青山六朝墓出土，现藏于安徽省文物考古研究所。

◎ **器物详解**

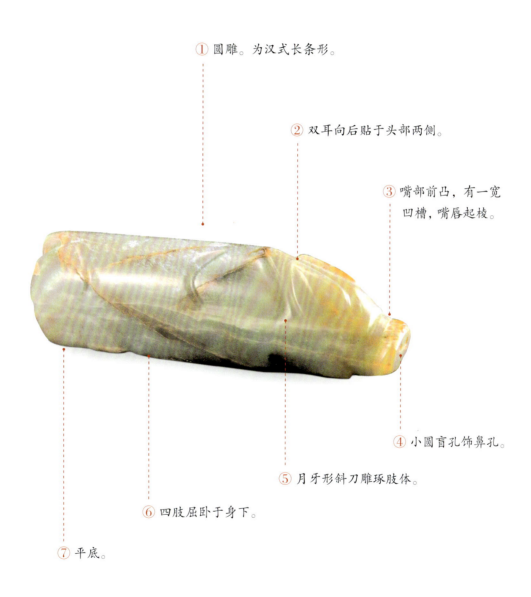

① 圆雕。为汉式长条形。

② 双耳向后贴于头部两侧。

③ 嘴部前凸，有一宽凹槽，嘴唇起棱。

④ 小圆盲孔饰鼻孔。

⑤ 月牙形斜刀雕琢肢体。

⑥ 四肢屈卧于身下。

⑦ 平底。

◎ **主要特征**

A. 部分魏晋南北朝时期玉猪与汉代造型大同小异。

B. 工艺上，拟"汉八刀"，刀痕远不及汉代有力量。

C. 此期猪耳及嘴部较短，缺乏汉代玉猪的精气神。

玉卧羊

魏晋南北朝。青白色玉质。长 15.1、宽 6、高 8 厘米。甘肃省武威市灵钧台遗址出土，现藏于甘肃省博物馆。

◎ **器物详解**

① 圆雕。玉羊静卧状。

③ 双角回卷于头部两侧，小耳后耸。

② 头部较小，腮部丰满。

⑥ 身体肥硕，圆臀丰满。

④ 圆眼，前后眼梢较长。

⑤ 阴刻线饰嘴，下颌略向内凹。

⑦ 四肢肌肉感强，前肢距离较宽，凸出胸部。

⑧ 小胫细瘦，跪卧于身下，蹄足写实。

◎ **主要特征**

A. 魏晋南北朝时期玉羊多为卧羊。

B. 玉羊小头腮宽，整体造型较之汉代写实。

C. 四肢肌肉逼真，曲线合理、优美，是魏晋南北朝时期玉羊特征。

主图 4
玉卧兽

魏晋。青色玉质。高 6.2、宽 7.5 厘米。现藏于天津博物馆。

◎ **器物详解**

① 圆雕。玉兽呈跪卧状，昂首前视。

② 短脸，腮部丰满。

③ 三角形厚耳，耳饰短小阴线。

④ 圆圈眼，前后出梢。

⑦ 宽颈，颈侧刻一道长阴线。

⑧ 颈后阴刻短小鬃毛。

⑤ 鼻宽。

⑥ 闭口，嘴向内微收。

⑩ 臀部滚圆。

⑨ 挺胸，胸部宽阔。

⑪ 四肢跪卧。

⑫ 长尾。

◎ **主要特征**

A. 玉兽造型怪异，头与身体比例失当，但应与汉代动物类器物有承继关系。

B. 圆圈眼前后出梢、腮部丰满，面部与汉代玉兽风格相近。

C. 前肢距离较大，胸部宽阔，健硕，骨劲肉丰，身体与汉代玉羊等肖生类造型有相似风格。

D. 此玉兽是魏晋时期极为罕见的玉雕艺术珍品。

主图 5
玉牛镇

南北朝。灰青色玉质，多墨沁。高 2.8、宽 4.9 厘米。现藏于天津博物馆。

◎ **器物详解**

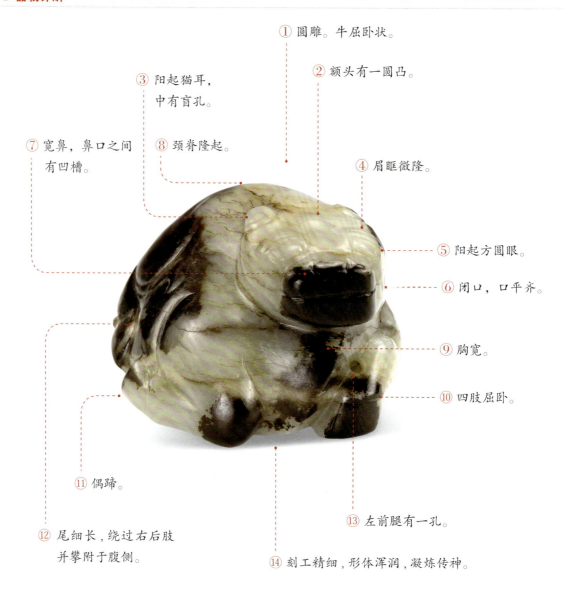

① 圆雕。牛屈卧状。

② 额头有一圆凸。

③ 阳起猫耳，中有盲孔。

④ 眉眶微隆。

⑤ 阳起方圆眼。

⑥ 闭口，口平齐。

⑦ 宽鼻，鼻口之间有凹槽。

⑧ 颈脊隆起。

⑨ 胸宽。

⑩ 四肢屈卧。

⑪ 偶蹄。

⑫ 尾细长，绕过右后肢并攀附于腹侧。

⑬ 左前腿有一孔。

⑭ 刻工精细，形体浑润，凝炼传神。

◎ **主要特征**

A. 重视面部修饰，以减地和阳刻线的技法雕琢五官，与汉代风格基本相同。

B. 汉代以后动物四肢讲究质感，突出表现在关节弯屈度和肌肉质感，俗称"有骨头有肉"。

C. 汉代动物从底部看，四肢的左右距离较宽，四肢平直，胸部显得宽阔。汉以后前肢开始内拢，距离逐渐变窄。

D. 部分长尾动物的尾巴绕过后肢并攀附于腹侧，是汉以后玉雕（石雕）此类动物常见的尾部特征。

主图 6
玉跪卧骆驼

南北朝。青色玉质。高 5.6、长 8、宽 2.9 厘米。现藏于天津博物馆。

◎ **器物详解**

① 圆雕。骆驼呈跪卧状。

② 浅浮雕菱形眼，前后出梢。

③ 奔耳。

⑦ 双峰，深雕脊骨。

④ 宽鼻。

⑤ 闭口，鼓腮。

⑥ 长颈。

⑧ 身体两侧各琢三道深弧线以示肋部。

⑨ 四肢屈卧，腿部肌腱凸起。

⑩ 头顶、颈及尾部均刻细短阴线表示驼毛。

◎ **主要特征**

A. 商周时期至汉代以前的动物多张口，凶猛异常。汉以后动物多为闭口，安静温顺。

B. 骆驼肢体刻划写实，突出表现关节弯屈度，这一特点对唐宋时期动物造型颇有影响。

C. 一排排短小阴线表示动物皮的工艺始于汉代，并影响至深。

D. 骆驼造型玉器唐代至明代甚为流行。

E. 骆驼雕琢细腻生动、骨感、传神，应是同类作品中的精品。

F. 南北朝、唐代骆驼多用黄玉。

主图 7
玉辟邪

南北朝。黄色玉质。高 7、宽 9.3 厘米。现藏于天津博物馆。

◎ 器物详解

① 圆雕。辟邪昂首站立状。

② 独角。

④ 隆鼻，鼻尖上翘。

③ 眼眶隆起，双眼前视。

⑤ 吻部宽厚，有棱角。闭口。獠牙尖利，外露。

⑥ 阴刻两道腮纹。

⑦ 下颌一撮胡髯贴胸。

⑪ 尾部上卷。

⑧ 辟邪身体两侧浅浮雕并叠压出四排飞翼，飞翼较长。

⑨ 肩部饰带状纹。

⑩ 四肢直立，雕出爪尖。

中国古玉图鉴·动物造型与纹饰

138

副图 1　玉辟邪　南北朝
黄褐色滑玉质。长 7.8、高 4.3 厘米。
现藏于洛阳博物馆。

◎ **主要特征**

A. 魏晋南北朝时期辟邪身体
造型平直、呆板，不及汉
代身体屈折幅度大，生动。

B. 冲天吼状与东汉辟邪相似，
但失去了威猛气势，形态、
神态差距远甚。

C. 辟邪身体两侧飞翼叠压成
四排，长至臀部，纹饰平缓。
汉代则为三排，飞翼层次
感强。

D. 魏晋南北朝时期更加注重
辟邪爪子的雕刻，团爪，
爪尖锋利。

E. 辟邪尾部短小。

小结

1. 整体造型

魏晋南北朝时期动物题材玉雕极少，多为圆雕。造型基本沿袭汉代玉雕动物造型。其中滑石猪形状较为写实，是此期特有造型。

2. 头部造型和纹饰

魏晋南北朝时期有角动物为羊、辟邪等。羊角为双角，回卷于头部两侧。辟邪多为独角，贴于头顶。

魏晋南北朝时期玉雕动物头部较小，整体造型较之汉代写实。

耳部较小，多位于头部两侧。

眼睛为圆眼、杏核眼。

嘴部基本沿袭汉代动物嘴部造型，此时期玉猪嘴部较短，缺乏汉代玉猪的精气神。

3. 身体造型和纹饰

魏晋南北朝时期玉质猪握身体为圆柱形，与汉代造型大同小异。

魏晋南北朝时期辟邪身体造型平直、呆板，不及汉代身体屈折幅度大，生动。辟邪身体两侧飞翼叠压成四排，长至臀部，纹饰平缓。此时期更加注重辟邪爪子的雕刻，团爪，爪尖锋利。

玉羊小胫细瘦，跪卧于身下，蹄足写实，四肢肌肉逼真，曲线合理优美是魏晋南北朝时期玉羊特征。

4. 纹饰和工艺

魏晋南北朝时期玉雕动物纹饰比较简单，主要是一些阴线、弧线、弦纹等。

魏晋南北朝时期工艺上和汉代略有区别，常用一些深刀刻划动物肢体，"汉八刀"刀痕远不及汉代有力量。

隋唐动物造型与纹饰

简述

　　隋唐时期，随着现实主义风格的发展，玉雕作品逐渐开始向生活化、装饰化发展，题材大多源于自然，种类丰富。此时期动物题材玉器大多为圆雕，体态浑圆，风格写实，十分注重动物形体的肌肉和力量感。隋唐时期出土的玉雕动物较少，主要出土墓葬遗址为陕西省西安市隋李静训墓、陕西省长安县南里王村唐窦皦墓、上海市松江区西林塔地宫等。本文收录的其他藏品主要为博物馆藏品，如中国国家博物馆、故宫博物院、天津博物馆等。

玉卧兔

隋代。白色玉质。长 2.7、高 2 厘米。陕西省西安玉祥门外隋李静训墓出土，藏于中国国家博物馆。

◎ **器物详解**

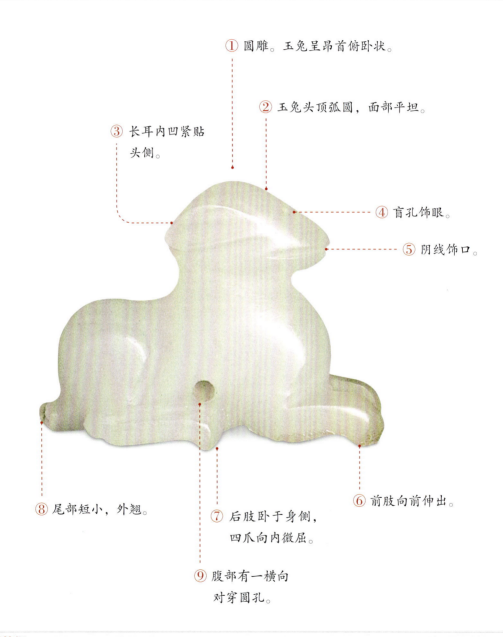

① 圆雕。玉兔呈昂首俯卧状。

② 玉兔头顶弧圆，面部平坦。

③ 长耳内凹紧贴头侧。

④ 盲孔饰眼。

⑤ 阴线饰口。

⑥ 前肢向前伸出。

⑦ 后肢卧于身侧，四爪向内微屈。

⑧ 尾部短小，外翘。

⑨ 腹部有一横向对穿圆孔。

◎ **主要特征**

A. 玉兔前肢向前伸出，四爪向内微屈，俯卧状，应是隋代玉兔特殊造型。

B. 隋代玉兔造型简约、灵动、活泼。

C. 盲孔圆眼是唐宋时期动物类的主要眼形之一。

D. 腹部横向穿圆孔，是承继汉至隋唐代以来动物类玉器的穿孔方式。

主图 2
水晶猪

唐代。水晶。长 4、厚 1.5 厘米。陕西省长安县南里王村唐窦皦墓出土，现藏于陕西省考古研究院。

◎ **器物详解**

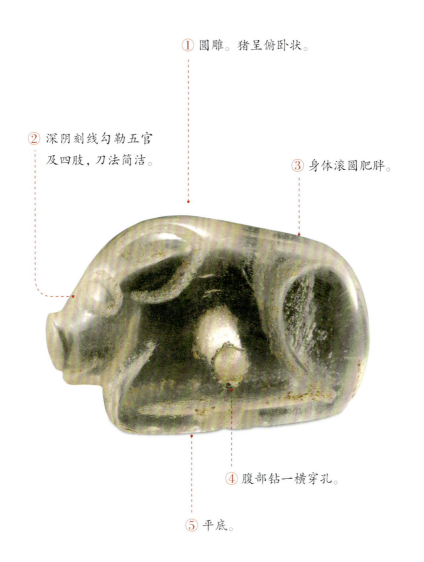

① 圆雕。猪呈俯卧状。

② 深阴刻线勾勒五官及四肢，刀法简洁。

③ 身体滚圆肥胖。

④ 腹部钻一横穿孔。

⑤ 平底。

◎ **主要特征**

A. 水晶材质的圆雕动物形器物唐宋时期比较流行。

B. 水晶动物形器物大都工艺粗犷、简洁。

C. 腹部横穿孔是应承继汉至隋唐代以来动物类玉器的穿孔方式。

D. 平底是唐代早期部分动物类玉器的底部特征。

主图 3

玉卧羊

隋唐。白色玉质。长 3.3、高 2.8 厘米。现藏于中国国家博物馆。

◎ **器物详解**

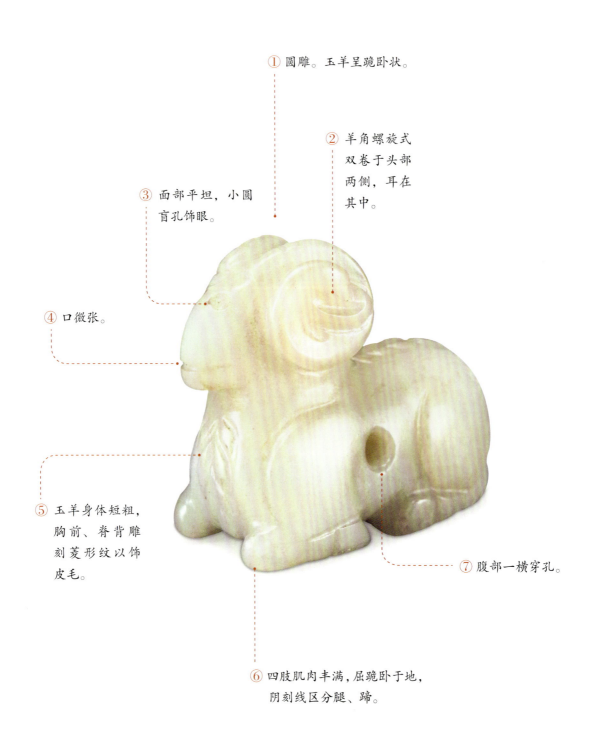

① 圆雕。玉羊呈跪卧状。

② 羊角螺旋式双卷于头部两侧，耳在其中。

③ 面部平坦，小圆盲孔饰眼。

④ 口微张。

⑤ 玉羊身体短粗，胸前、脊背雕刻菱形纹以饰皮毛。

⑥ 四肢肌肉丰满，屈跪卧于地，阴刻线区分腿、蹄。

⑦ 腹部一横穿孔。

◎ **主要特征**

A. 隋唐时期玉羊，沿袭汉代遗风，正面向前，跪卧状，头呈三角形，但面部平坦，与汉代棱角分明的五官有较大区别。

B. 双角盘曲幅度大，呈圆形耳在其中，与汉代羊角盘曲在颈部两侧有较大区别。

C. 盲孔饰眼是隋唐时期部分动物类的主要眼形。此期盲孔较大、较深。

D. 玉羊在腹部有一横向对穿圆孔，此种穿孔方式汉至隋唐比较流行。

E. 此期玉羊胸部平缓，汉代玉羊胸部棱形、凸起前挺，总体造型较之汉代玉羊温顺安静。

F. 底部四肢在两侧，顺向排列，距离较宽，汉代玉羊底部多见菱形。

主图 4
金镶玉卧鹿带扣

唐代。白色玉质。宽 7.5、高 4.1 厘米。现藏于中国国家博物馆。

◎ 器物详解

① 半圆雕。鹿为伏卧状，侧身昂首。

② 鹿长角，多歧。

③ 耳后耸。

④ 阴线刻眉毛，杏核眼。

⑤ 阴刻口鼻。

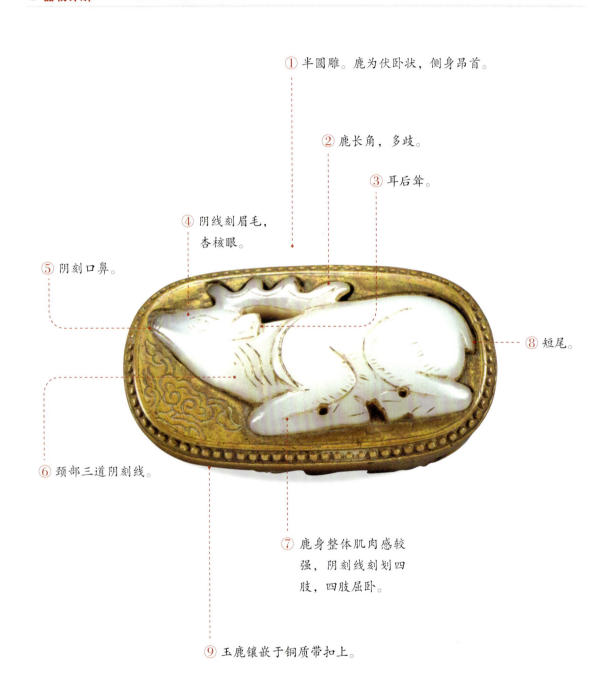

⑧ 短尾。

⑥ 颈部三道阴刻线。

⑦ 鹿身整体肌肉感较强，阴刻线刻划四肢，四肢屈卧。

⑨ 玉鹿镶嵌于铜质带扣上。

◎ **副图**

副图 1　白玉鹿带扣　唐代
白色玉质。宽 5.8、高 2.9 厘米。现藏于中国国家博物馆。

副图 2　白玉鹿　唐代
和田玉。长 7.2、宽 1.4、高 2.9 厘米。现藏于苏州博物馆。

◎ **主要特征**

A. 半圆雕俯卧状，镶嵌在其他器物上，是唐代玉鹿一种造型。

B. 玉鹿颈部的自然弧度，形态写实逼真。唐代注重刻划动物的神态，气韵生动。

C. 鹿角长，向后伸展，歧叉呈波浪式生长，是唐代鹿角的一种形式。还有一种鹿，称之为"肿骨鹿"，角似灵芝。此期鹿角均与西周多叉鹿角、向上盘举的形态截然不同。

D. 阴线刻眉毛，杏核眼，是唐代玉鹿眼形。

E. 玉鹿体态丰满，肌肉感强，四肢边缘饰细小阴线，是唐代玉鹿特征。

唐代。白色玉质。宽 7.5、高 4.1 厘米。现藏于中国国家博物馆。

◎ **器物详解**

① 圆雕。玉鹿昂首向前，静卧。

② 鹿角盘于头顶，状似灵芝，
常被称之为"肿骨鹿"。

③ 管状小耳。

⑤ 阴刻鼻、口。

④ 圆眼雕出眼睑。

⑥ 腮部肌肉丰满
写实。

⑨ 臀部高浮雕
一灵芝。

⑩ 短尾。

⑦ 身体浑圆，前肢
凸于胸前，四肢
屈于腹下。

⑧ 腿部轮廓饰
短小阴刻线。

⑫ 身下有长方底板。

⑪ 身体中央有一通天孔，
上下贯通。

副图3　青玉鹿　唐
青色玉质。长4.5、高2.9厘米。现藏
于中国国家博物馆。

◎ **主要特征**

A. 唐代动物注重神、骨、肉的刻划，玉鹿面部神态尤其写实，雕出眼睑，显得眼睛炯炯有神、栩栩如生，这是其他时代所没有的表现方法。

腮部肌肉写实逼真。
B. 肿骨鹿是唐代鹿角的一种。
C. 唐代鹿与灵芝吉祥寓意的题材多有出现。
D. 身体中央打通天孔战国时

期罕见（战国主图8），唐代开始盛行。有圆孔，长方形孔，这个特征延续到元代。
E. 穿孔大多作穿系或插嵌之用。

主图 6
玉卧兔

唐代。黄灰色玉质。长 4、宽 2.8 厘米。现藏于天津博物馆。

◎ 器物详解

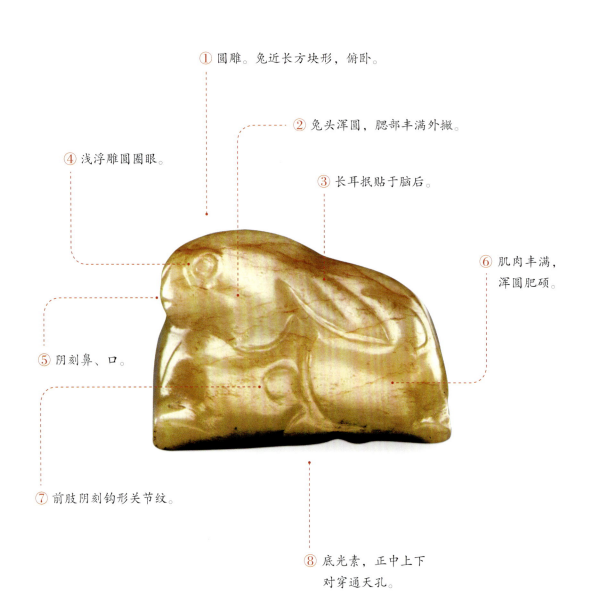

① 圆雕。兔近长方块形,俯卧。

② 兔头浑圆,腮部丰满外撇。

④ 浅浮雕圆圈眼。

③ 长耳抿贴于脑后。

⑥ 肌肉丰满,
浑圆肥硕。

⑤ 阴刻鼻、口。

⑦ 前肢阴刻钩形关节纹。

⑧ 底光素,正中上下
对穿通天孔。

◎ **副图**

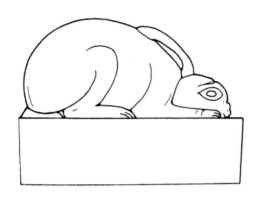

副图 4　汉白玉兔　唐代

长 8、宽 4.6、高 4.5 厘米。陕西西安东郊
唐韦美美墓出土。

副图 5　兔形玉佩　唐代

黄色，局部褐色沁。长 2.45、宽 1.02、
高 1.35 厘米。安徽省宿州市农药厂宿
舍唐元和七年墓出土，现藏于宿州市
文物管理所。

◎ **主要特征**

A. 唐代动物造型多为长方块形。

B. 体型壮硕、肌肉遒劲，是唐代动物造型特征。

C. 部分动物器物为平底或只雕划出四肢轮廓。

D. 腹部横穿孔是汉至隋唐时期常见的穿孔方式。多见两面对穿，也有直线贯通的现象，一般为圆孔。通天孔为唐代盛行，至元代广泛使用。有圆孔，还有长方形孔，唐代圆形通天孔多见，元代长方形多见。

唐代。青色玉质。高 3.7、长 5.4、厚 1 厘米。上海市松江区西林塔地宫出土，现藏于上海市文物局。

◎ 器物详解

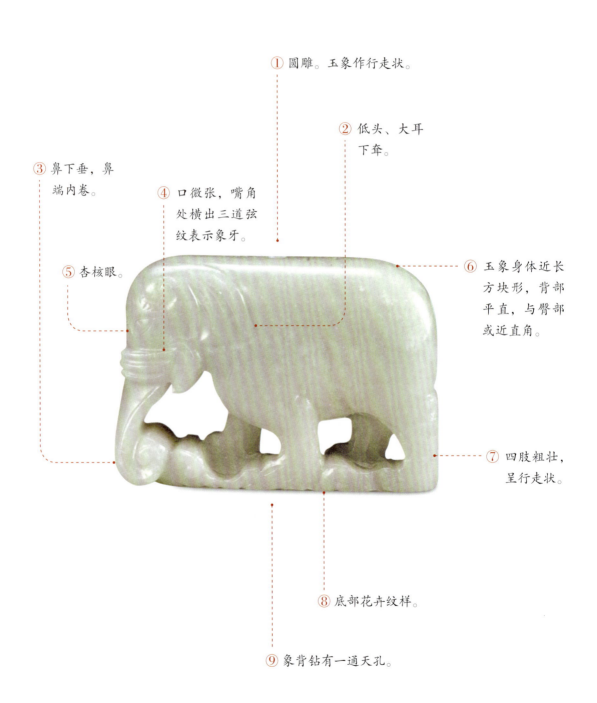

① 圆雕。玉象作行走状。

② 低头、大耳下奔。

③ 鼻下垂，鼻端内卷。

④ 口微张，嘴角处横出三道弦纹表示象牙。

⑤ 杏核眼。

⑥ 玉象身体近长方块形，背部平直，与臀部或近直角。

⑦ 四肢粗壮，呈行走状。

⑧ 底部花卉纹样。

⑨ 象背钻有一通天孔。

副图 6　骑象玉舞人　唐
青白色玉质。高 5.5、长 7.3 厘米。
故宫博物院藏。

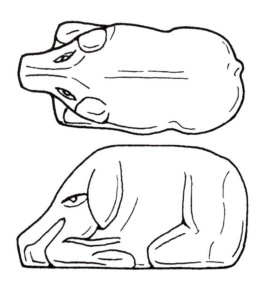

副图 7　玉象　唐
河南三门峡张宏庆墓出土。

◎ **主要特征**

A. 身体近长方块形，站立行
走状，是唐代玉象的其中
一种造型。

B. 玉象与花卉相伴，是唐代
玉雕作品寓意吉祥的标志。

C. 通天孔即上下贯通的钻孔，

唐至元代广泛使用。唐代
通天圆孔多见，元代长方
形通天孔多见。

玉卧马

唐代。白色玉质。长 4.8、宽 1.2、高 3.2 厘米。现藏于苏州博物馆。

◎ **器物详解**

① 圆雕，卧马。

⑤ 颈后阴刻线雕细密鬃毛。

② 三角耳竖立。

③ 盲孔饰眼。

④ 闭口。

⑥ 身体浑厚，身体侧面留有一块玉料原皮。

⑦ 阴刻线区分出四肢。

⑧ 自腹部至背部有一对穿圆孔。也称"通天孔"。

副图 8 玉马 唐
灰青色，少有黑沁。高 4.3、宽 5.1 厘米。
现藏于天津博物馆。

副图 9 玉马 唐
青白玉质，长 5、高 4、宽 1.5 厘米。
现藏于中国国家博物馆。

◎ **主要特征**

A. 卧马是唐代常见造型。

B. 盲孔圆眼是唐宋时期部分动物主要眼形。

C. 唐宋时期玉马，下颌内勾。

D. 唐宋时期动物类多平底，底部不饰轮廓线。

主图 9

玉卧马

唐代。青色玉质，局部受沁呈灰黄、白色。长 7.5、宽 2.2、高 2.5 厘米。现藏于上海博物馆。

◎ **器物详解**

① 圆雕，马首前伸，趴卧状。

② 立耳，内凹。

③ 菱形眼，前后阴线出梢。

⑦ 鬃毛分披，身材丰满健硕。

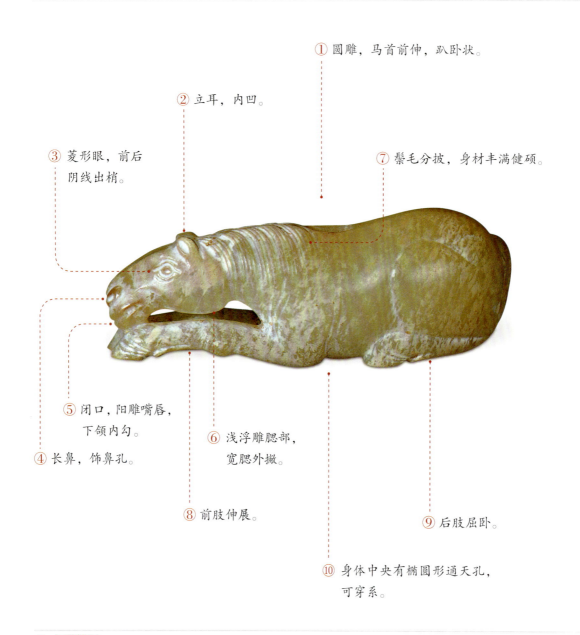

⑤ 闭口，阳雕嘴唇，下颌内勾。

④ 长鼻，饰鼻孔。

⑥ 浅浮雕腮部，宽腮外撇。

⑧ 前肢伸展。

⑨ 后肢屈卧。

⑩ 身体中央有椭圆形通天孔，可穿系。

◎ **主要特征**

A. 玉马引颈趴卧，状态闲逸，为唐代生活化写实风格代表性作品。

B. 玉马五官雕琢的细腻准确，精其形，胜其神，生动活脱，具有唐代肖生玉追求神韵的时代风格。

C. 身体"有骨有肉"，肌肉凹凸有致。

D. 背至腹有椭圆通天孔，是唐至元代动物玉雕典型钻孔方式。

主图 10

玉卧熊

唐代。青白色玉质，玉质纯净。高 2.8、宽 5.8 厘米。现藏于天津博物馆。

◎ **器物详解**

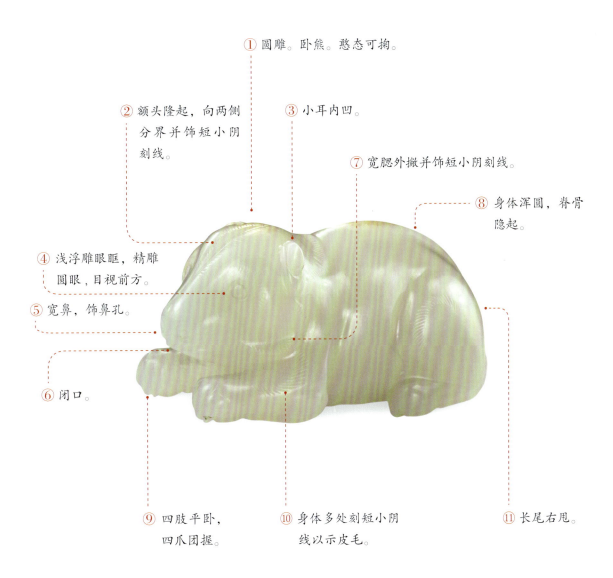

① 圆雕。卧熊。憨态可掬。

② 额头隆起，向两侧分界并饰短小阴刻线。

③ 小耳内凹。

⑦ 宽腮外撇并饰短小阴刻线。

⑧ 身体浑圆，脊骨隐起。

④ 浅浮雕眼眶，精雕圆眼，目视前方。

⑤ 宽鼻，饰鼻孔。

⑥ 闭口。

⑨ 四肢平卧，四爪团握。

⑩ 身体多处刻短小阴线以示皮毛。

⑪ 长尾右甩。

◎ **主要特征**

A. 额头隆起，向两侧分界，是唐宋时期对部分动物额部的特有修饰。

B. 唐代至元代馆藏玉熊相对多见。该器突出表现幼熊神态，五官及动作把握准确。写实、传神，是唐代玉雕动物的独到之处。后仿者多为有其形无其神。

主图 11
玉站立骆驼

唐代。青黄色玉质、周身布满黄色牛毛纹沁。高 6.3、宽 6.4 厘米。现藏于天津博物馆。

◎ 器物详解

① 圆雕。骆驼昂首挺胸站立状。

② 头顶饰一束驼毛，前倾。

③ 小耳后抿。

④ 高鼻梁，隆起。

⑤ 重眼睑，目视前方。

⑥ 闭口，口略向内收。

⑦ 颈短，胸部宽厚。

⑧ 双峰、收腹。

⑨ 四肢有力。

⑩ 长尾下耷。

⑪ 用粗、细阴线雕琢骆驼皮毛。

⑫ 几何形底座。

◎ 主要特征

A. 唐代馆藏及传世玉雕作品中多见跪卧骆驼，站立骆驼比较少见。

B. 善于使用粗、细阴刻线表现动物皮毛，是唐代工艺风格。

C. 黄玉属稀有玉材，唐代多见于骆驼题材。

中国古玉图鉴·动物造型与纹饰

主图 12
玉鹿纹铊尾

唐代。青色玉质。长 7.7、宽 4.1 厘米。现藏于中国国家博物馆。

◎ **器物详解**

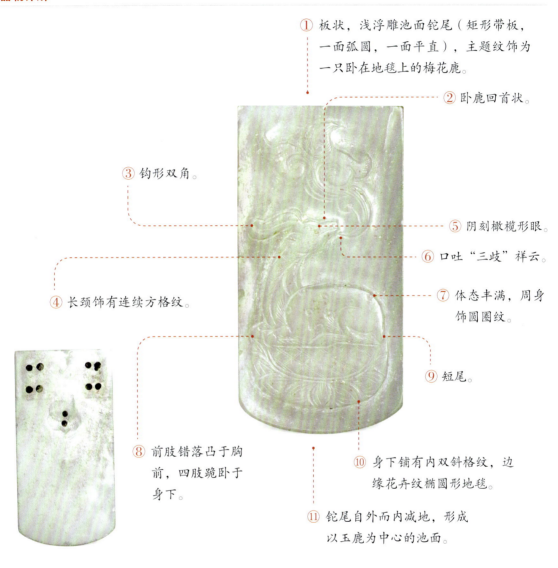

① 板状，浅浮雕池面铊尾（矩形带板，一面弧圆，一面平直），主题纹饰为一只卧在地毯上的梅花鹿。

② 卧鹿回首状。

③ 钩形双角。

⑤ 阴刻橄榄形眼。

⑥ 口吐"三歧"祥云。

④ 长颈饰有连续方格纹。

⑦ 体态丰满，周身饰圆圈纹。

⑨ 短尾。

⑧ 前肢错落凸于胸前，四肢跪卧于身下。

⑩ 身下铺有内双斜格纹，边缘花卉纹椭圆形地毯。

⑪ 铊尾自外而内减地，形成以玉鹿为中心的池面。

◎ **主要特征**

A. 钩形角六朝开始出现，唐代沿袭，是唐代玉鹿另一种角形。

B. 橄榄形眼是唐代玉鹿主要眼形之一。

C. 唐代逐渐出现口吐祥云、口衔灵芝和瑞草的玉鹿形象。

D. 玉鹿颈部、腿部均用细小阴刻线表示皮毛，身上用小圆圈表示梅花鹿的斑点，这种装饰风格在唐代卧鹿中比较常见。

E. 无论雕刻人物、动物的玉带板，身下均饰地毯是唐代典型的时代风格。

F. 三歧祥云是唐代最具代表性的云纹式样。

G. 自外而内直接减地，没有边框，使带板中心构成池面，是唐代带板最具代表性的工艺风格。

玉狮纹方形带铐

唐代。青色玉质。长 4.5、宽 4.1 厘米，重 47 克。现藏于中国国家博物馆。

◎ 器物详解

① 板状。浅浮雕池面玉带铐，主题纹饰为一侧卧狮子。

② 狮子头部近方形，昂首，半侧脸，有腮毛，鬃毛后披。

③ 管状小耳。

④ 额头中央一深刀装饰。

⑤ 直鼻梁。

⑥ 三角眼紧贴鼻翼两侧。

⑦ 方嘴，吻部平齐。

⑧ 口裂处饰獠牙，上唇边侧阴刻胡须。

⑨ 狮子身体健硕，胸肌宽厚，臀部浑圆。

⑭ 整器为池面，阴线勾勒轮廓，大量使用短阴刻线装饰。

⑩ 四肢屈卧，前肢肘部硬折。

⑪ 后肢斜刀勾勒，利爪蜷握。

⑫ 长尾垂于身侧。

⑬ 狮子身下为椭圆形地毯。

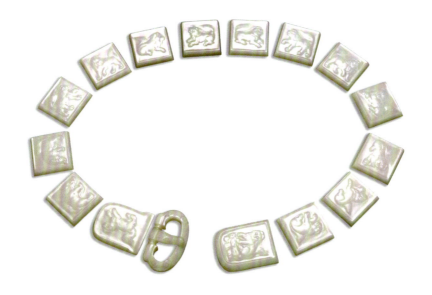

副图 10　狮纹玉带　唐代

白色玉质。方铐背面长 3.6、宽 3.4 厘米，正面
长 3.4、厚 0.7 厘米。陕西省西安市何家村窖藏
出土，现藏于陕西历史博物馆。

◎ 主要特征

A. 该器狮子形象基本沿袭汉代玉虎、辟邪等造型风格，但又有所不同。

B. 汉代玉虎、辟邪眉骨高，豹眼嵌在眉骨之下，眉、眼为立体雕刻，呈直视前方、目光如炬的效果。该器狮子三角眼平面雕刻，给人以向上怒视的感觉。

C. 汉代玉虎、辟邪的直管鼻一通到底，如意鼻头与"人"字嘴唇浑然一体。该器狮子嘴部平齐，鼻嘴不连。

D. 身体健硕，肌肉强劲，注重肌肉感的刻划与汉代相似。

E. 池面带板、席地而卧的地毯、大量使用短阴刻线装饰，是唐代典型的时代风格。

F. 玉雕狮子自唐代开始出现，以何家村出土的玉带铐为代表。

小结

1. 整体造型

隋唐动物题材玉器主要以圆雕动物为主，板状动物很少。

玉雕动物整体造型以俯卧居多。兔形前肢向前伸出，四爪向内微屈，应是隋代玉兔特殊造型。

2. 头部造型和纹饰

有角动物主要为鹿和羊等。

鹿角长，向后伸展，歧叉呈波浪式生长是唐代鹿角的一种形式；还有一种鹿称之为"肿骨鹿"，角似灵芝，均与西周多叉鹿角，向上盘举形态截然不同。羊角为螺旋式双卷于头部两侧。

隋唐时期动物头部神态尤其写实，腮部肌肉显得真实逼真，是其他时代所没有的表现方法。

眼睛为盲孔眼、三角眼、杏核眼、橄榄形眼等。其中圆坑眼唐宋时期动物类的主要眼型之一。

嘴部刻划写实，多为闭口或微张。

耳部为长耳、大耳、扇形耳等，多贴于颈部或头部两侧。

3. 身体造型和纹饰

隋唐时期玉雕动物身体多呈俯卧状或站立行走状，动物四肢粗壮有力，多屈于身下。动物身体肌肉感较强，体型壮硕是唐代动物造型特征。

唐代玉雕动物底部多平底，部分底部四肢在两侧，顺向排列，距离较宽。

唐代行走、站立状造型的玉象和骆驼史上少见。

4. 纹饰和工艺

带板上首次出现狮子纹饰。

隋唐时期玉雕动物常见纹饰为方格纹、圆圈纹、云纹等。

隋唐时期玉雕动物常在在动物头部、身体用细小阴刻线表示皮毛，唐带板的玉鹿身上用小圆圈表示梅花鹿的斑点，这种装饰风格在唐代卧鹿中比较常见。

唐代玉雕作品开始向吉祥寓意，生活化发展。玉雕动物常与瑞草、花卉、祥云相伴。

此时期玉雕动物常在腹部横向穿圆孔，此种打孔方式是汉代至隋唐早期动物类玉器的穿孔方式。唐至元代洞阔为长方形、椭圆形。

宋代动物造型与纹饰

简述

　　宋代军事文弱，不断受到边患的困扰。北宋时期有辽和西夏，南宋又有金和蒙古。宋朝虽然与少数民族不断对抗，但由于经济基础稳固，与辽、金、元在经济上互通贸易，文化交流十分密切。因此，宋朝的科技成就以及文化领域中的审美意识，直接或间接对周边地方政权产生影响。

　　在玉器制作中，宋代以中国传统纹饰和自然写实为主，动物题材尤其丰富，造型种类和工艺技法都在前朝基础上有所创新和发展。此时期玉雕动物整体比例得当，写实性强，刻划细腻温婉。此时期玉雕动物主要出自北京、浙江、上海等以汉族为主体的地区。主要出土墓葬有浙江省衢州市柯城王家乡瓜园村南宋墓、上海市宝山区顾村镇秦江村明万历年间朱守城夫妇合葬墓、北京市海淀区北京师范大学工地清代黑舍里氏墓等。本文所采录的宋代传世玉器多为博物馆藏品，如常熟博物馆、首都博物馆、中国国家博物馆等。

玉坐虎

宋代。青色玉质。长 7.5、宽 4.5、高 4.5 厘米。现藏于常熟博物馆。

◎ **器物详解**

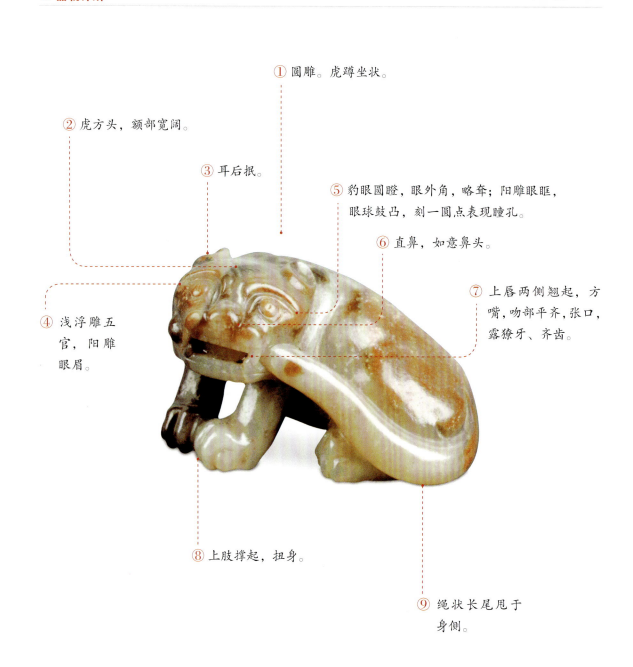

① 圆雕。虎蹲坐状。

② 虎方头，额部宽阔。

③ 耳后抿。

⑤ 豹眼圆瞪，眼外角，略耷；阳雕眼眶，眼球鼓凸，刻一圆点表现瞳孔。

⑥ 直鼻，如意鼻头。

⑦ 上唇两侧翘起，方嘴，吻部平齐，张口，露獠牙、齐齿。

④ 浅浮雕五官，阳雕眼眉。

⑧ 上肢撑起，扭身。

⑨ 绳状长尾甩于身侧。

副图 1　玉子母虎　宋代
江苏南京建中村宋墓出土。

副图 2　玉卧兽　宋代
灰色。高 3.6、宽 6 厘米。现藏
于天津博物馆。

◎ **主要特征**

A. 宋代玉虎仿汉代风格。

B. 玉虎均为方头，汉代玉虎头部厚，高浮雕五官；宋代玉虎头部相对薄，浅浮雕五官，神态不同，宋代仿汉只是形似，达不到神似。

C. 玉虎均为豹眼，汉代玉虎鼻梁高、眉骨高，豹眼立雕于眉骨之下，目光如炬，炯炯有神，成为直视前方的效果；宋代玉虎鼻梁低，眉骨低，只是阳雕出立体效果，豹眼呈平面向上看的感觉，相比之下缺乏精气神。

D. 汉代玉虎上唇上翘，龇牙咧嘴的神态生动，鼻与上唇之间刀法过渡自然；宋代玉虎嘴部刻划呆板，图案化，上唇似一边一块疙瘩肉的感觉，缺乏生动。

E. 汉代玉虎有的刀法粗犷，但身体结构把握准确，栩栩如生；宋代玉虎身体各部表现不到位，相对于汉代缺乏灵动。

主图 2

玉卧鹿

宋代。青色玉质。长 10.6、高 6.5 厘米。北京市海淀区清代黑舍里氏墓出土，现藏于首都博物馆。

◎ **器物详解**

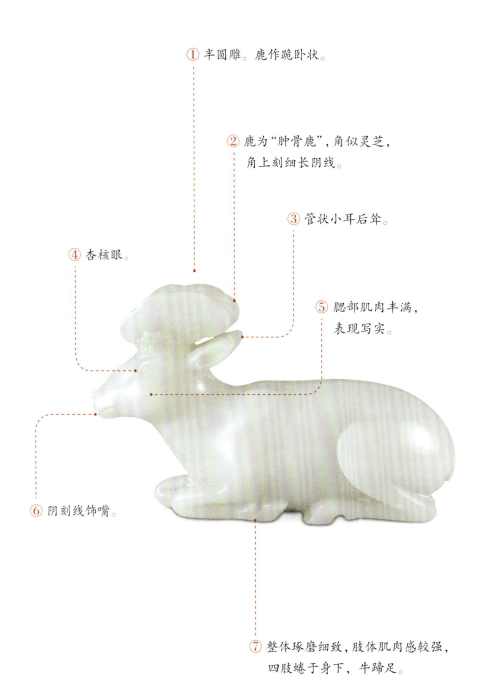

① 半圆雕。鹿作跪卧状。

② 鹿为"肿骨鹿"，角似灵芝，角上刻细长阴线。

③ 管状小耳后竖。

④ 杏核眼。

⑤ 腮部肌肉丰满，表现写实。

⑥ 阴刻线饰嘴。

⑦ 整体琢磨细致，肢体肌肉感较强，四肢蜷于身下，牛蹄足。

副图3　白玉鹿　宋代

　　长4.8、宽1.7、高3.2厘米。现藏
于苏州博物馆。

副图4　松鹤龟鹿纹玉佩　宋代

　　灰白色玉质。高6.2、宽5、厚0.7厘米。陕
西省西安市西安交通大学出土，现藏于西安
市文物保护考古研究院。

◎ 主要特征

A. 半圆雕是唐宋时期的一种
特有工艺。多为嵌饰，背
后应有四对牛鼻孔。

B. "肿骨鹿"也是宋代玉鹿
的一种造型。

C. 宋代部分玉鹿杏核眼与唐

代相似，薄眼皮包着圆眼
球，写实逼真。

D. 肌肉肢体刻划细腻。

主图3

玉卧马

宋代。青色玉质，间布赭色沁。高 2.2、长 4 厘米。现藏于上海博物馆。

◎ **器物详解**

① 圆雕。马侧首跪卧。

② 中分鬃毛。

③ 双耳上竖。

④ 三角形眼。

⑤ 腮部鼓凸。

⑥ 宽鼻。

⑦ 闭口。

⑧ 下颌内收。

⑨ 四肢屈卧，边缘饰阴刻。

⑩ 长尾左甩。

⑪ 后背中央有一不规则椭圆形通天孔，可挂系。

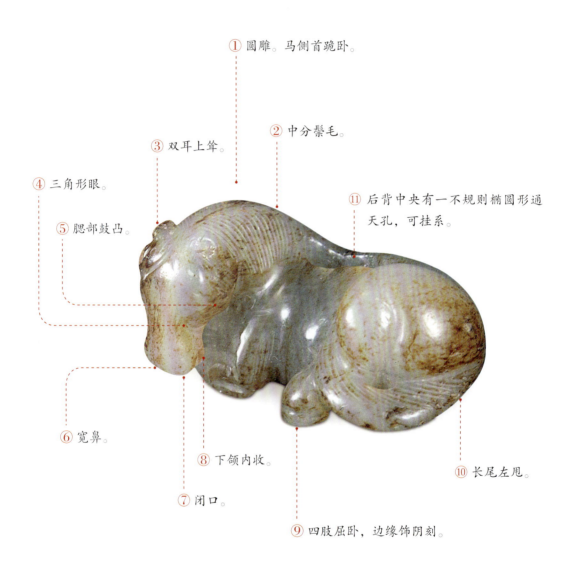

◎ **主要特征**

A. 三角眼，是唐宋时期玉雕动物流行的另一种眼形。

B. 着重表现前肢的屈折，是唐宋时期玉雕动物前肢流行的方式。

C. 背至腹部施以不规则椭圆形通天孔，是唐宋时期玉雕动物穿孔的特有方式。

D. 清白相间的玉料，是元代特有的主要玉材。

主图4
玉立象

宋代。白色玉质，高4.6、宽6.6厘米。现藏于上海博物馆。

◎ **器物详解**

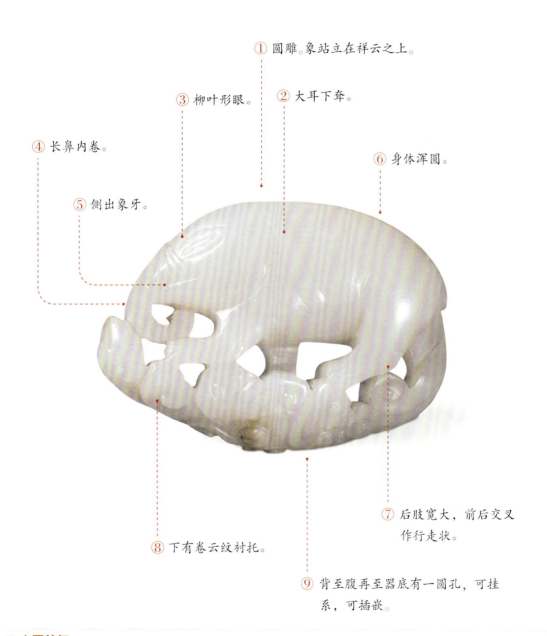

① 圆雕。象站立在祥云之上。

③ 柳叶形眼。

② 大耳下耷。

④ 长鼻内卷。

⑥ 身体浑圆。

⑤ 侧出象牙。

⑦ 后肢宽大，前后交叉作行走状。

⑧ 下有卷云纹衬托。

⑨ 背至腹再至器底有一圆孔，可挂系，可插嵌。

◎ **主要特征**

A. 宋代肖生类玉器开始与祥云、灵芝等组成复合型吉祥玉器。

B. 宋代祥云由唐代"三歧云纹"发展而来，由一束向四周飘散，或一绺绺似飘带。

C. 背至腹再至器底有一圆通天孔，是唐至元代流行的穿孔方式。

主图 5

玉兔镇

宋代。青色玉质。长 6.7、宽 2.6、高 3.6 厘米。浙江省衢州市柯城王家乡瓜园村南宋墓出土，现藏于衢州博物馆。

◎ **器物详解**

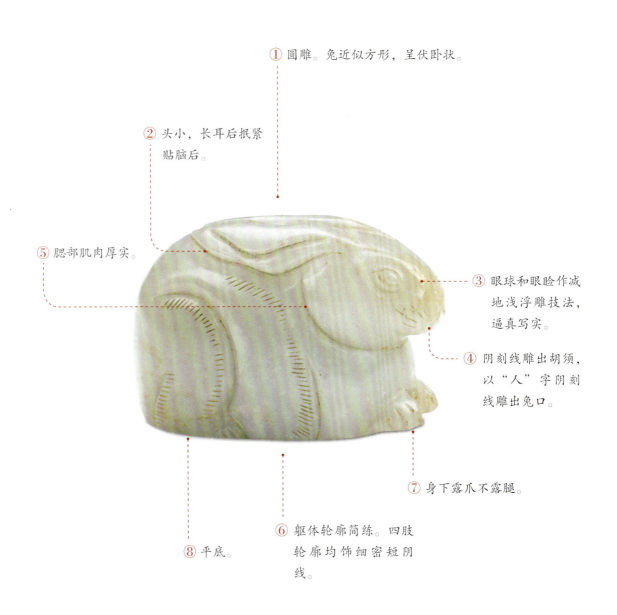

① 圆雕。兔近似方形，呈伏卧状。

② 头小，长耳后抿紧贴脑后。

⑤ 腮部肌肉厚实。

③ 眼球和眼睑作减地浅浮雕技法，逼真写实。

④ 阴刻线雕出胡须，以"人"字阴刻线雕出兔口。

⑦ 身下露爪不露腿。

⑥ 躯体轮廓简练。四肢轮廓均饰细密短阴线。

⑧ 平底。

◎ **主要特征**

A. 玉兔头部显得比较小。

B. 玉兔眼球与眼睑刻划细腻、逼真。

C. 宋代玉兔开始出现胡须。

D. 唐代玉兔相对粗犷写意，注重神态和肌肉刻划；宋代刀法细腻，玉兔文气安静。

E. 唐宋时期圆雕卧兔均近方块形，体态肥硕，刀功简约却不失神韵。多为平底，身下露爪不露腿。

主图 6
玉卧兔

宋代。玉呈灰白色。高 2.8、宽 4 厘米。现藏于上海博物馆。

◎ **器物详解**

① 圆雕。兔卧伏状。

② 长耳后伏。

③ 腮部丰满，轮廓分明。

④ 圆圈眼。

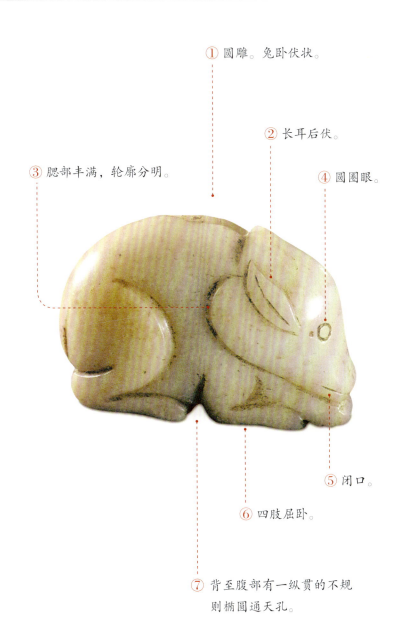

⑤ 闭口。

⑥ 四肢屈卧。

⑦ 背至腹部有一纵贯的不规
则椭圆通天孔。

◎ **主要特征**

A. 圆圈眼是唐宋时期动物的
又一种眼形。

B. 背部至腹部有上下贯通的
不规则椭圆形孔，为唐至
元时期动物特有的穿孔
方式。

C. 类似造型玉兔，陕西旬阳
宋代窖藏也有出土。

主图 7
玉卧羊

宋代。青色玉质。高4.3、长8、宽5.9厘米。现藏于武汉博物馆。

◎ **器物详解**

① 圆雕。羊呈侧身回首状。

② 节形角下垂卷曲。

③ 羊脸呈弧形，头和腮部曲线勾勒得形象逼真。

④ 阴刻椭圆形眼。

⑤ 玉羊身体瘦长，右前肢膝部屈起。

⑥ 左后肢屈卧，回首嘴紧贴弯屈后腿，阴刻线区隔足蹄。

⑦ 玉羊身上有一长方形通天孔。

◎ **主要特征**

A. 羊呈侧身回首状，嘴紧贴弯屈后腿，是宋代新出现的玉羊造型。

B. 玉羊双角浮雕节纹，是宋代羊角特征。

C. 椭圆形眼，是宋代玉羊眼形。

D. 长方形通天孔，是唐至元时期的穿孔特征。

主图8
玉回首卧犬

宋代。青色玉质。高 2.9、长 5、宽 1.8 厘米。现藏于上海博物馆。

◎ 器物详解

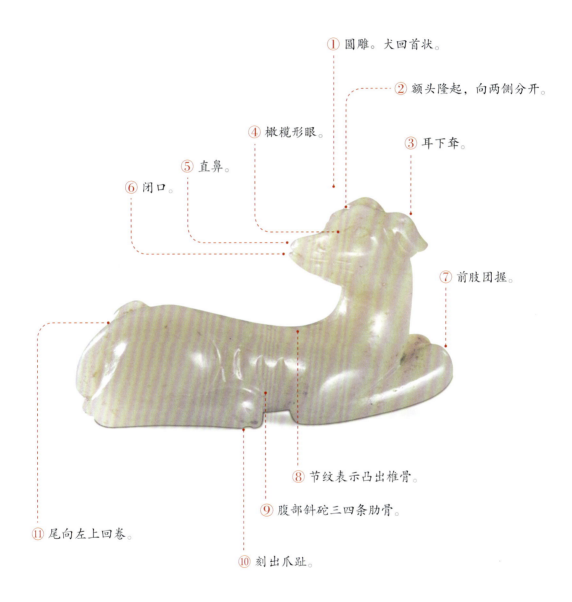

① 圆雕。犬回首状。

② 额头隆起，向两侧分开。

④ 橄榄形眼。

③ 耳下耷。

⑤ 直鼻。

⑥ 闭口。

⑦ 前肢团握。

⑧ 节纹表示凸出椎骨。

⑨ 腹部斜砣三四条肋骨。

⑪ 尾向左上回卷。

⑩ 刻出爪趾。

◎ 主要特征

A. 宋代玉犬常见头趴在前肢上，回首造型较少。

B. 额头隆起，向两侧分开，是唐宋时期对部分爪类动物额部的特有修饰。

C. 橄榄形眼，是唐至元代动物的主要眼型之一。

D. 深刀斜砣动物椎骨及肋骨，是唐宋时期工艺特点。

主图9

玉卧犬

宋代。白色玉质。长 7.8、高 1.8 厘米。现藏于中国国家博物馆。

◎ 器物详解

① 圆雕。狗呈扁平趴卧状。

② 狗长尖形脸，平坦。

③ 两耳下耷。

④ 盲孔饰眼。

⑤ 尖嘴。

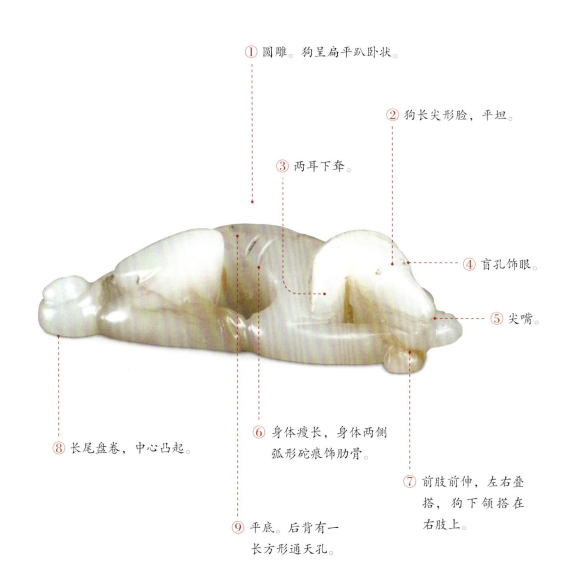

⑧ 长尾盘卷，中心凸起。

⑥ 身体瘦长，身体两侧弧形砣痕饰肋骨。

⑦ 前肢前伸，左右叠搭，狗下颌搭在右肢上。

⑨ 平底。后背有一长方形通天孔。

◎ **主要特征**

A. 扁平趴卧，前肢前伸，左右叠叉，狗下颌搭在右肢上，是宋代玉犬典型造型。

B. 圆盲孔眼，是唐宋时期动物类的主要眼形。

C. 宋代玉犬瘦骨嶙峋，身体两侧用砣痕修饰肋骨，是宋末元初时期玉犬特点。

D. 长尾盘卷，中心凸起，是宋元时期玉犬尾部特征。

E. 玉犬背部长方形通天孔，符合宋元时期穿孔特征。

玉母子犬

宋代。青白玉质。长 7.7、宽 1.8、高 2 厘米。现藏于苏州博物馆。

◎ **器物详解**

① 圆雕。大犬呈俯卧回首状，
幼犬回首嬉戏于大犬尾部。

② 双耳下耷。

③ 浅浮雕区分出
眼球和眼睑。

④ 饰鼻孔。

⑤ 嘴微张露齿。

⑥ 身体瘦长，深阴线饰脊骨。

⑦ 肋部弧形砣痕饰肋骨。

⑧ 前肢撑起，后肢卧于身下。

⑨ 四肢底部平滑。

⑩ 幼犬呈嬉戏状，
  阴刻线饰卷尾。

◎ **主要特征**

A. 玉犬背部雕出脊梁。肋部　　玉犬主要特征。　　　　四肢特征。
　弧形砣痕饰肋骨，是宋代　B. 底部平滑，是宋代动物的

玉卧犬

元代（宋代旧玉）。白色玉质。长 6.2 厘米。上海市宝山区顾村镇秦江村明万历年间朱守城夫妇合葬墓出土，现藏于上海市文物管理文员会。

◎ 器物详解

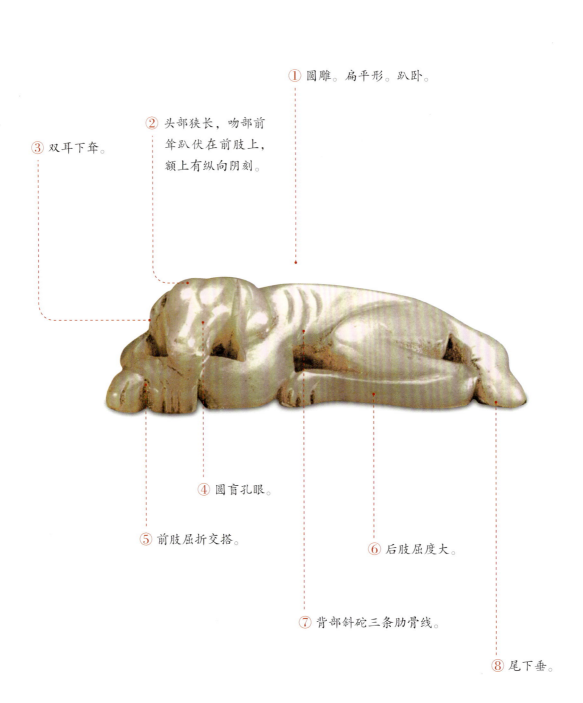

① 圆雕。扁平形。趴卧。

② 头部狭长，吻部前耸卧伏在前肢上，额上有纵向阴刻。

③ 双耳下耷。

④ 圆盲孔眼。

⑤ 前肢屈折交搭。

⑥ 后肢屈度大。

⑦ 背部斜砣三条肋骨线。

⑧ 尾下垂。

副图 5　玉犬　宋代
灰白色玉质。长 10、宽 2.7、高 3.9 厘米。现
藏于杭州博物馆。

副图 6　玉卧狗　宋代
白色，局部有黄色沁。长 6、宽 3、高 1.7 厘米。
现藏于天津博物馆。

◎ 主要特征

A. 前肢前伸，左右叠叉，狗
的下颌搭左右肢上，是宋
代玉犬标志性造型。

B. 宋代玉犬常用砣具，斜砣
出肋骨；用阳线或浮雕脊
骨以表示脊椎。

C. 玉犬后肢弯屈度大，是宋
代玉犬腿部主要特征。

玉卧熊

宋代。白色玉质。长 4.3、宽 2 厘米。现藏于中国国家博物馆。

◎ **器物详解**

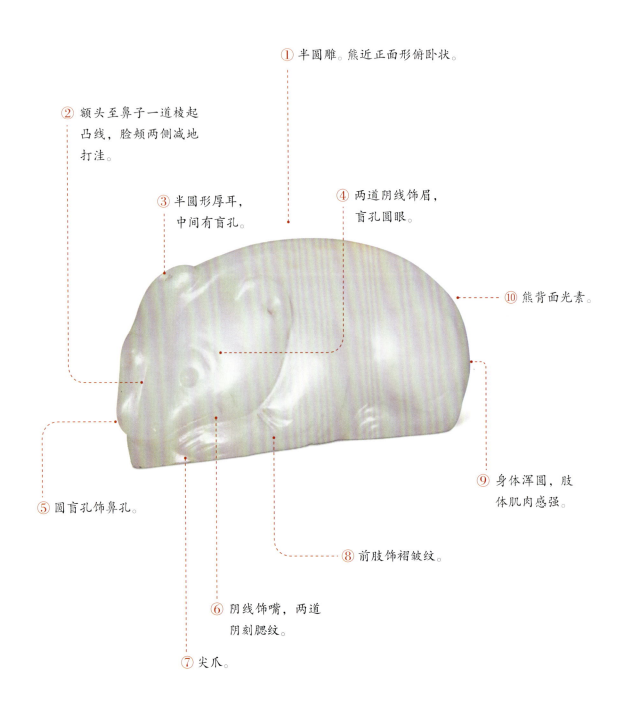

① 半圆雕。熊近正面形俯卧状。

② 额头至鼻子一道棱起凸线，脸颊两侧减地打洼。

③ 半圆形厚耳，中间有盲孔。

④ 两道阴线饰眉，盲孔圆眼。

⑩ 熊背面光素。

⑨ 身体浑圆，肢体肌肉感强。

⑤ 圆盲孔饰鼻孔。

⑧ 前肢饰褶皱纹。

⑥ 阴线饰嘴，两道阴刻腮纹。

⑦ 尖爪。

副图 7　玉熊　宋代
白色玉质。长 4.5、宽 1.5、高 2.3
厘米。现藏于安徽省文物局。

副图 8　玉熊　宋代
青色玉质，局部受沁呈褐色。
宽 2.7、高 3.85 厘米。现藏于
杭州博物馆。

◎ **主要特征**

A. 半圆雕动物，镶嵌器，是唐宋时期动物特有制作工艺。

B. 额头至鼻子一道棱起凸线脸颊两侧减地的工艺，是宋代玉熊、玉犬等动物的工艺特点。

C. 盲孔圆眼，是此时期唐宋动物常见眼形。

D. 宋代常用锃钻盲孔工艺，表现动物的凹坑眼、涡耳及鼻孔。

E. 此玉熊在背部有排列整齐的短阴刻线，这种雕刻手法是宋辽玉兽主要特征。

主图 13
玉回首独角兽

宋代。白色玉质。长 4.3、宽 2.3、高 3.7 厘米。浙江省杭州市茅家埠出土。现藏于浙江省博物馆。

◎ **器物详解**

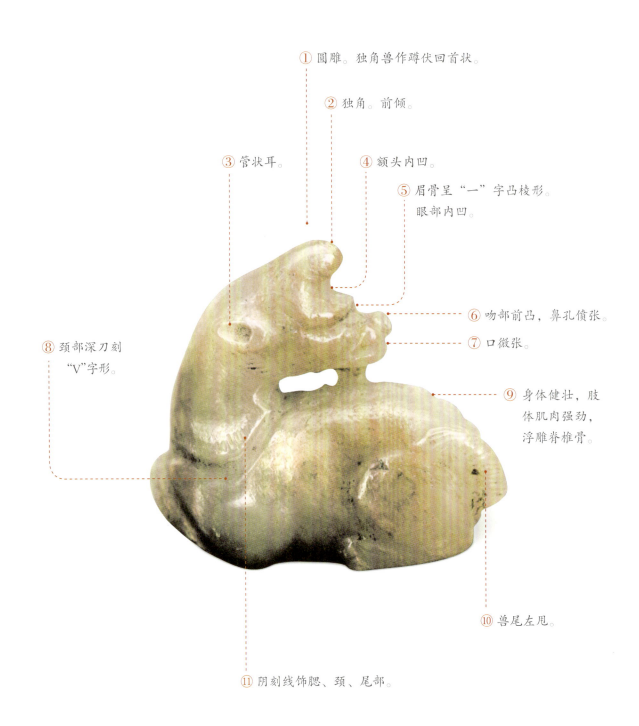

① 圆雕。独角兽作蹲伏回首状。

② 独角。前倾。

③ 管状耳。

④ 额头内凹。

⑤ 眉骨呈"一"字凸棱形。眼部内凹。

⑥ 吻部前凸，鼻孔偾张。

⑦ 口微张。

⑧ 颈部深刀刻"V"字形。

⑨ 身体健壮，肢体肌肉强劲，浮雕脊椎骨。

⑩ 兽尾左甩。

⑪ 阴刻线饰腮、颈、尾部。

◎ **副图**

副图 9　玉兽　宋代
黄色玉质。高 4.9、长 7.5、宽 3 厘米。现藏于杭州博物馆。

副图 10　玉兽　宋代
玉质青色,局部有白沁。高 7、宽 3 厘米。上海市松江区西林塔地宫出土,现藏于上海市文物局。

◎ **主要特征**

A. 独角兽是宋代比较流行的动物造型。

B. 管形耳,是唐宋时期动物常见耳形。

C. 脊椎"肉包骨",真实逼真,是宋代动物脊椎的表现特征。

玉辟邪

宋代。白色玉质。高 4.3、宽 5.2 厘米。现藏于天津博物馆。

◎ **器物详解**

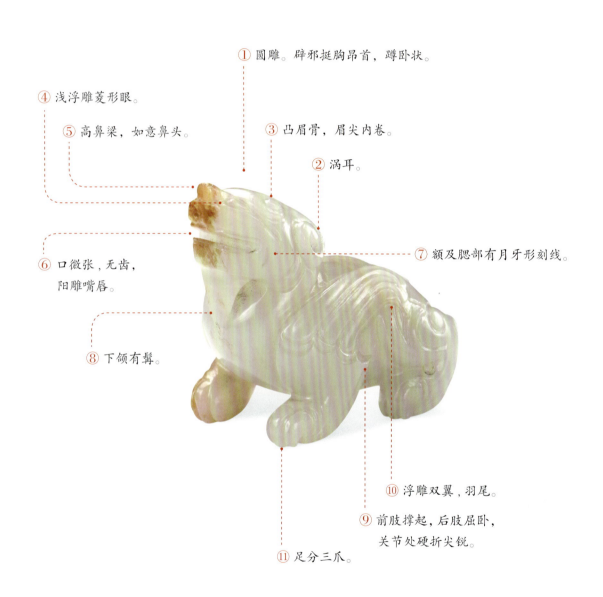

① 圆雕。辟邪挺胸昂首，蹲卧状。

④ 浅浮雕菱形眼。

⑤ 高鼻梁，如意鼻头。

③ 凸眉骨，眉尖内卷。

② 涡耳。

⑦ 额及腮部有月牙形刻线。

⑥ 口微张，无齿，阳雕嘴唇。

⑧ 下颌有髯。

⑩ 浮雕双翼，羽尾。

⑨ 前肢撑起，后肢屈卧，关节处硬折尖锐。

⑪ 足分三爪。

◎ **主要特征**

A. 宋代玉辟邪头部、五官及饰双翼、羽尾造型多仿汉代，但整体神态温顺，远不及汉代狰狞。

B. 口微张，不露齿，额及腮部常见月牙形砣线，多如意鼻头。

C. 身体曲线平和，关节处硬折尖锐，是宋代部分玉雕动物的特点。

主图 15

玉双兽

宋代。白色玉质，局部带黄色沁。高 5、长 6、宽 2 厘米。现藏于天津博物馆。

◎ **器物详解**

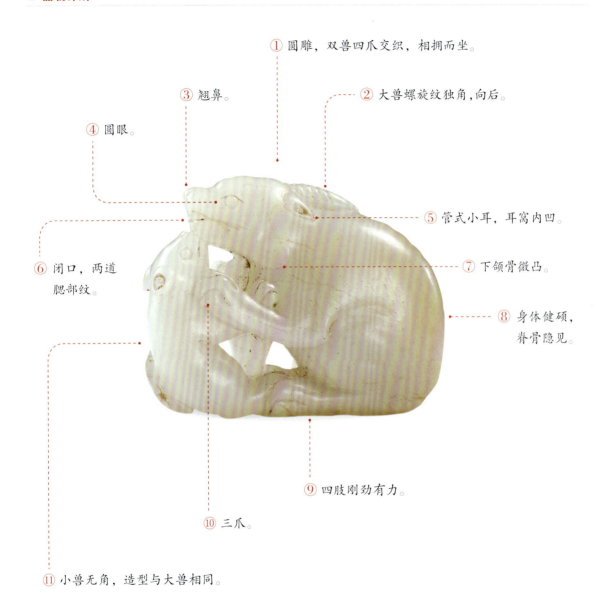

① 圆雕，双兽四爪交织，相拥而坐。

③ 翘鼻。

④ 圆眼。

② 大兽螺旋纹独角，向后。

⑤ 管式小耳，耳窝内凹。

⑥ 闭口，两道腮部纹。

⑦ 下颌骨微凸。

⑧ 身体健硕，脊骨隐见。

⑨ 四肢刚劲有力。

⑩ 三爪。

⑪ 小兽无角，造型与大兽相同。

◎ **主要特征**

A. 玉兽两道腮部纹，下颌骨微凸，应仿汉代玉兽面部特征。

B. 身体雕琢承继唐风"有骨有肉"，透视感强。

C. 四肢刚劲，三爪大而有力，与此期龙形风格相似。

D. 表现母子相依之情的题材比较少见。该器造型新颖，品相完美，为宋代玉雕之佳品。

小结

1. 整体造型

宋代动物主要有圆雕造型和半圆雕造型，整体风格写实，刀功简约却不失神韵。

2. 头部造型和纹饰

宋代有角动物为鹿、羊、独角兽等。鹿角似灵芝，为"肿骨鹿"。羊角为节形角，并回卷于头部两侧。部分独角兽为独角前倾。

耳部为管形耳、长耳等，多立于头顶或者贴于颈部，以及搭于头部两侧。

眼睛为圆眼、小圆盲孔眼、豹眼、杏核眼、椭圆形眼等。其中玉兔比较注重眼球眼睑的刻划。

嘴部多为闭口或微张。

3. 身体造型和纹饰

宋代玉雕动物造型在前朝动物造型基础上出现了一些新造型。例如嘴紧贴弯屈后腿的玉羊；前肢前伸，左右叠叉，下颌搭在右肢上的玉犬等。

宋代玉雕动物身体琢磨细致，肢体肌肉感较强，脊椎骨有"肉包骨"真实逼真的效果，四肢蜷屈于身下或站立，此时期玉鹿为蹄形足。

宋代玉犬长尾盘卷中心凸起是宋元时期玉犬尾部特征，也是宋代玉犬尾部的造型。

4. 纹饰和工艺

宋代玉雕动物刀法细腻，善用阴刻线、浅浮雕等技法刻划动物五官、角部。玉犬身体两侧用砣痕修饰肋骨，是宋元时期玉犬工艺特点。

宋代动物佩饰或嵌饰常在背至底部钻一长方形通天孔。

辽代动物造型与纹饰

简述

辽代的玉器文化丰富，因与北宋几乎同一时期，所以玉器雕琢工艺既有宋玉风格，又有本民族传统艺术，风格朴质豪放，深受唐和北宋的影响，有浓郁的北国情调和鲜明的游牧民族特色。辽代出土动物玉雕不多，本文采录了内蒙古自治区巴林右旗白音汉苏木友爱村窖藏出土的玉熊，以及中国国家博物馆藏的传世青玉虎形马饰。

玉虎形马饰

辽代。青白玉质。长 5.9、高 3.2 厘米。现藏于中国国家博物馆。

◎ **器物详解**

① 圆雕。卧虎，虎为昂首，挺胸状。

② 五官简约，
工艺粗犷。

③ 前肢前伸。

④ 尾部外凸。

⑤ 虎爪和尾部各有一穿孔，为
与马背蹀躞带连接。

⑥ 平底。

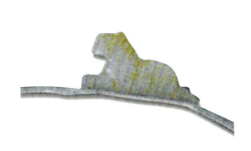

副图1　镶玉银马胸带　辽代中期
　　　　长170厘米。内蒙古自治区奈曼旗青龙山镇
　　　　陈国公主墓出土。现藏于内蒙古自治区文物
　　　　考古研究所。

副图2　蹀躞带、鞦带镶玉银马具　辽代中期
　　　　全长320厘米。内蒙古自治区奈曼旗青龙山
　　　　镇陈国公主墓出土，现藏于内蒙古自治区文
　　　　物考古研究所。

◎ **主要特征**

A. 该器是辽代典型马饰，与
辽陈国公主墓出土的马

具——蹀躞带上的虎形饰
件基本相同。

B. 玉虎简约的五官与体形，
为辽代标志性工艺风格。

主图 2
玉俏色卧熊

辽代晚期。白色玉质。长 6.8、高 3.8 厘米。内蒙古自治区巴林右旗白音汉苏木友爱村窖藏出土，现藏于巴林右旗博物馆。

◎ **器物详解**

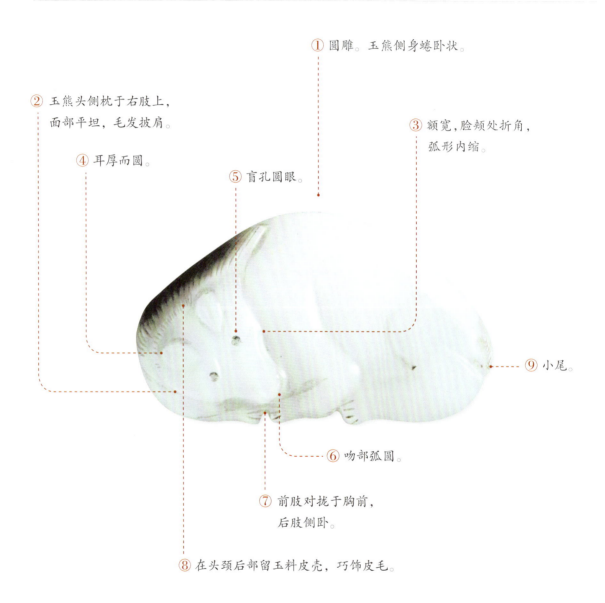

① 圆雕。玉熊侧身蜷卧状。

② 玉熊头侧枕于右肢上，面部平坦，毛发披肩。

③ 额宽，脸颊处折角，弧形内缩。

④ 耳厚而圆。

⑤ 盲孔圆眼。

⑨ 小尾。

⑥ 吻部弧圆。

⑦ 前肢对拢于胸前，后肢侧卧。

⑧ 在头颈后部留玉料皮壳，巧饰皮毛。

◎ **主要特征**

A. 肖生玉器以盲孔饰小凹坑示意眼睛的做法，起源于新石器时期良渚文化，盛行于唐宋辽金。

B. 该器利用玉料褐色皮壳俏作，并以此俏雕出短小阴刻线饰玉熊鬃毛，符合辽金元时期北方民族在动物题材上的制玉风格。

C. 选用和田籽料原皮俏雕玉器，是辽金时期选料特征。

主图 3

玉双回首卧鹿嵌饰

辽金。青色玉质，玉质温润，带黄色沁斑。高 3.7、长 71、厚 0.8 厘米。现藏于天津博物馆。

◎ **器物详解**

① 半圆雕，双鹿相背而卧，两首相望。

② 双鹿为"肿骨鹿"。

③ 菱形眼，阴刻眼梢。

④ 管形耳，耳窝内四后竖。

⑤ 阴线饰鼻。

⑥ 长吻，闭口。

⑦ 鼓腮。

⑧ 肌肉强健。

⑨ 四肢屈卧。

⑩ 小尾。

⑪ 背面有四对牛鼻孔，应做镶嵌之用。

◎ **主要特征**

A. 半圆雕镶嵌玉鹿造型，是唐宋辽金时期特殊的工艺风格。

B. 肿骨形是唐宋辽金时期常见的鹿角造型。

C. 宋代蹄类动物四肢屈折度大，距离变窄，前肢凸出胸部明显，部分玉鹿前肢高低错落。

D. 肌肉表现力强，但不及唐代"皮裹肉"自然含蓄。

辽代动物造型与纹饰

191

小结

1．整体造型

辽代玉雕动物以圆雕为主，主要呈俯卧状或蜷卧状。其中青玉虎形马饰是辽代典型马饰，该器与辽陈国公主墓出土的马具——蹀躞带上的虎形饰基本相同。

2．头部造型和纹饰

辽代虎形马饰头部五官刻划简约。其他玉雕动物刻划较为写实。

眼睛为桯钻盲孔饰小凹坑眼，肖生玉器以小盲孔示意眼睛起源于新石器时期良渚文化，盛行于唐宋辽金时期。

3．身体造型和纹饰

辽代虎形马饰身体直立，前肢前伸，体型为辽代标志性风格。

玉熊前肢对拢于胸前，后肢侧卧。

4．纹饰和工艺

利用玉料皮壳俏雕动物皮毛，是辽金元时期北方民族在动物题材上的治玉风格。

辽金元「秋山」情景式玉器

简述

　　辽金元时期玉雕动物，在宋代玉雕动物基础上，结合自己游牧民族特点，出现了"春水""秋山"题材的玉器，其中秋山题材玉器，反映戈猎景象，由于本册专题为动物题材，因此，"春水"不在此赘述。"秋山"原指辽帝至"秋捺钵"射猎熊、虎、鹿的山，辽人后来称入山秋狝活动为"秋山"。秋山一词最早见于《辽史》，如"幸秋山""如秋山""猎秋山"等，共计20余处。辽帝"秋捺钵"多在庆州诸山，也不固定哪一山，故以"秋山"称之。每年初秋，皇帝都要入山纳凉，也是皇帝带领群臣和兵士参加的大型狩猎活动和仪式。辽金元秋山这一主题，是秋季在北方的山林中狩猎熊虎鹿等。图案多由树木花鸟和蹲卧或行走的猛虎、奔跑跳跃的小鹿组成。

　　本文所采录的秋山题材玉器为黑龙江省绥化市奥里米古城金墓出土的秋山图玉佩，以及中国国家博物馆收藏的部分藏品。

玉俏作卧虎山石柞树摆件

辽金时期。青色玉质。宽6.8、高5.9厘米。现藏于中国国家博物馆。

◎ 器物详解

① 立雕、镂雕、俏作等工艺手法联合制作的情景式玉雕作品。整器为玉虎山石柞树，虎身后右侧立雕冰裂纹山石，山石顶部俏雕灵芝，左侧透雕秋黄色柞树。

② 猫耳。

③ 玉虎圆脸鼓腮，减地深雕五官。

⑤ 眉骨中央尖凸。

④ 额部阴刻"八"字纹。

⑦ 楔形鼻。

⑥ 双目圆瞪，凸睛上饰瞳孔，后眼角上翘。

⑧ 嘴部胡须上翘。

⑨ 虎耸肩低头，耳向后紧贴，右前肢抬起，左前肢匍匐于胸前，塌腰、翘尾，呈觊觎神态。

⑪ 绳形长尾向上翘起，尾端内弯。

⑩ 后肢蜷于身侧。

⑫ 双线阴刻排列有序的虎皮纹。

◎ 主要特征

A. 巧用金黄色皮壳进行动、植物俏雕，是辽金元时期我国北方游牧民族"秋山"题材典型工艺。

B. 玉虎额部阴刻"八"字、"王"字等纹饰，是辽金元时期"秋山"题材玉虎额部特征。

C. 鼻端略短，不与嘴部平齐，是辽金元时期部分玉虎鼻子的特征。辽金之前各年代玉虎鼻子基本上一刻到底，鼻端与嘴部平齐。

D. 低首、肩部隆起，前肢拢于胸前，尾翘起前弯，虎视眈眈，作觊觎状，是辽代卧虎、卧熊等部分动物的姿势。

E. 双阴刻线雕出虎皮纹，是辽金元时期"秋山"题材玉虎的共同纹饰。

F. 玉虎通常与山石、仙草、柞树等自然景致俏作而雕。

G. 山石不透，以不规则的冰裂纹表现；柞树叶平展，双阴线雕柞树叶脉，树叶边缘齿纹规则；灵芝位于山石之上，单头灵芝，花蕊不高凸，花形灵动。这些特征是辽金元时期（偏早）的表现手法。

H. 整器为"秋山"题材情景式玉雕作品，玉料留皮俏作，色彩斑斓；动、植物布局错落有致；立雕、镂雕、俏作工艺结合，使作品呈现出立体图画的艺术效果，是辽金元时期我国北方游牧民族"秋山"题材独一无二的工艺风格。

玉俏作麋鹿山石柞树圆形带饰

辽金时期。白色玉质。高 5.9 厘米。现藏于中国国家博物馆。

◎ 器物详解

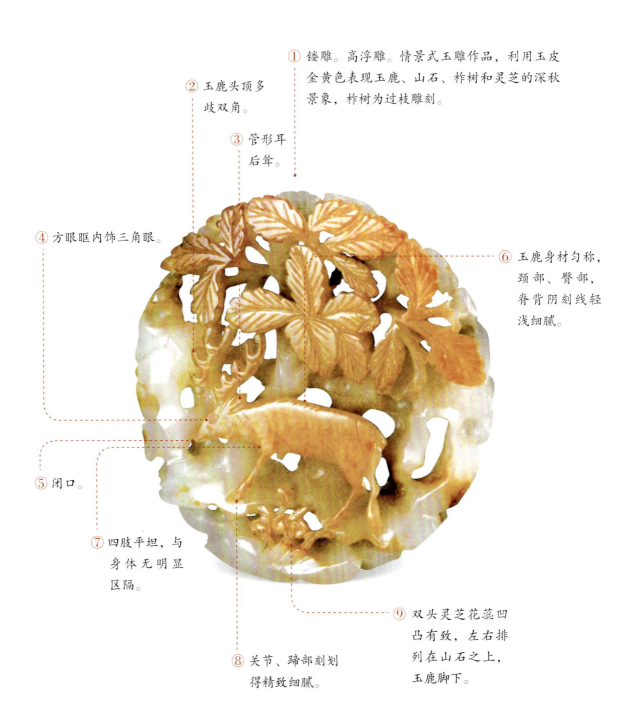

① 镂雕。高浮雕。情景式玉雕作品，利用玉皮金黄色表现玉鹿、山石、柞树和灵芝的深秋景象，柞树为过枝雕刻。

② 玉鹿头顶多歧双角。

③ 管形耳后耸。

④ 方眼眶内饰三角眼。

⑥ 玉鹿身材匀称，颈部、臀部，脊背阴刻线轻浅细腻。

⑤ 闭口。

⑦ 四肢平坦，与身体无明显区隔。

⑨ 双头灵芝花蕊凹凸有致，左右排列在山石之上，玉鹿脚下。

⑧ 关节、蹄部刻划得精致细腻。

⑩ 柞树叶薄而修长，枝蔓过枝到器后。

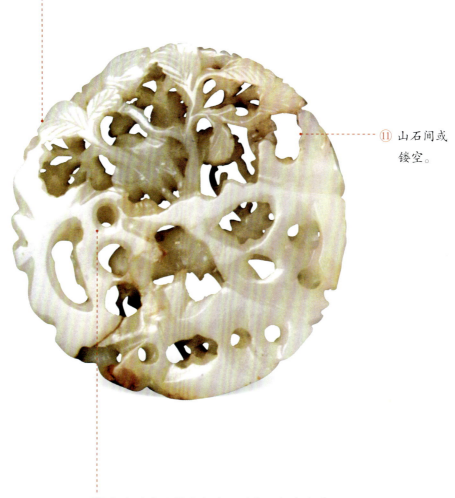

⑪ 山石间或镂空。

⑫ 部分镂空处倭角打磨，器背后打磨光滑、细致。

◎ **主要特征**

A. 站立状麋鹿是金元时期玉鹿的另一种造型，多表现在情景式玉器之中。

B. 辽金稍晚，多歧双角形玉鹿居多。

C. 玉鹿身材匀称，与身体无明显区隔；阴刻线轻浅；四肢刻划精细。

D. 柞树叶向薄而长发展，并且有枝蔓过枝到器后的现象。

E. 山石镂而不空，"肉"多洞少。

F. 双头灵芝左右相连，花蕊凹凸，花叶陪衬。

G. 孔洞边缘倭角打磨，整器打磨考究精细。

H. 玉质精良，符合辽金时期用玉风格。

玉俏作回首卧鹿山石柞树饰

辽金。青色玉质。宽6.4、高7.8厘米。重42克。现藏于中国国家博物馆。

◎ 器物详解

① 立雕、镂雕、俏作等工艺手法联合制作的情景式玉雕作品：画面为一柞树下回首小憩的卧鹿与山石、灵芝为一组的画面。

② 鹿头顶多歧长角（角后部伤），额头略凸。

④ 水滴形眼，短阴线雕眼眶。

⑤ 阴线刻鼻，口微张，口裂处有短弧形阴线。

③ 管形耳后竖。

⑥ 鹿回首，颈部阴刻"X"纹，表示动态时颈部的褶皱。

⑨ 小尾伏贴，一周阴线装饰。

⑧ 后肢屈卧，阴线饰钩形关节纹。

⑦ 前肢向前屈膝，两膝高低错落，关节刻划得曲折弯屈，生动写实，与宋代出土玉鹿基本相同。

◎ 主要特征

A. 玉鹿、柞树、山石、灵芝，是辽金时期"秋山"题材又一组标志性图景。

B. 宋辽时期重视玉鹿前肢关节处的修饰，比任何时期都生动写实。

C. 柞树叶子平雕，单阴线叶脉，边缘有齿纹；山石开始出现镂透但仍严密；灵芝位于卧鹿身前，为两头花朵，花形扁圆，纵向排列。这些特征应是辽金时期的表现手法。

D. 情景式器物因需籽料上的皮色作俏雕，器物多随形，多为宽窄不一的近三角形。

E. "秋山"作品雕法前后呼应，立体感强，与唐以前剪影式镂雕全然不同，从中可以看到玉雕艺术的新发展。

主图 4
玉透雕双鹿柞树飞雁三角形佩

金代。白色玉质。底边长 3.9、宽 3.5 厘米。黑龙江省绥化市奥里米古城金墓出土，现藏于黑龙江省博物馆。

◎ **器物详解**

① 片状。透雕。器作三角形，情景式作品，柞树下一雄一雌玉鹿。

② 两棵柞树为边框，至上角对接。

③ 柞树下透雕两只站立鹿，前雌后雄。

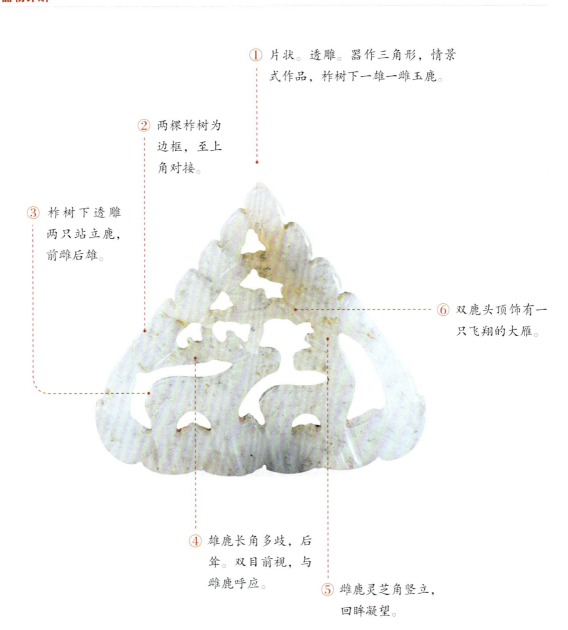

⑥ 双鹿头顶饰有一只飞翔的大雁。

④ 雄鹿长角多歧，后耸。双目前视，与雌鹿呼应。

⑤ 雌鹿灵芝角竖立，回眸凝望。

◎ **主要特征**

A. 片状三角形透雕动物的器形比较少见，是金代特有造型。

B. 以鹿、柞树为题材，是辽金时期玉雕的主题。

C. 鹿角大致有两种，一种似马鹿长角多歧，后耸；一种为灵芝短角，立耸。

玉俏作双虎山石柞树圆形带饰

金元。青色玉质。高 6.4 厘米。现藏于中国国家博物馆。

◎ **器物详解**

① 高浮雕、镂雕。带饰。情景式玉雕作品。环形带扣上母子二虎在山石、灵芝、柞树中嬉戏景象。利用玉材自然形成的黄、黑、灰、白等颜色俏雕而成，整个画面为一组图景，层次鲜明，色彩斑斓，主题突出。

② 大虎：蹲卧状，曲颈，垂首。

③ 阴刻椭圆形耳。

④ 额头饰四横一竖阴刻线。

⑤ 阴线一笔勾勒眉、鼻。

⑥ 眼眉尾端多叉，梭形眼紧贴鼻梁。

⑦ 阴线饰方口，口微张，口裂处有两处钻痕。

⑧ 大虎体态前高后低，颈后隆起，低头垂首，前肢支撑状。

⑨ 后肢侧曲。

⑩ 绳形长尾盘于体侧。

⑪ 幼虎四肢腾空，蹬爬于母虎背上，
　　面部、身体特征与大虎相仿。

⑫ 虎头前方高浮
　　雕一灵芝。

⑬ 二虎与柞树
　　灵芝均为金
　　黄色。

⑭ 玉虎身侧俏雕灰色山石、
　　洒金柞树等。

◎ **主要特征**

A. 金元时期"秋山"题材玉
　器中，多以老虎或麋鹿与
　柞树、灵芝为组合画面来
　表现秋季狩猎活动。

B. 此期玉虎多以金黄色玉皮
　表示皮毛。

C. 柞树是北方地区特有树
　种，是辽金元时期我国北
　方游牧民族表现"秋山"
　题材标志性植物。

D. 单头灵芝位于虎头之前，
　应与辽金时期此类器物风
　格一脉相承。

E. 灰、白相间的玉料是金元
　时期流行使用的材料。用
　于动植物等山石造型与纹
　饰的俏雕，尤以元代使用
　灰色玉料作俏雕特别广泛
　（现称青花料），极具代
　表性。

F. 一般玉料表面带有各种颜
　色的玉皮，多为和田玉籽
　料。以金黄、黄、黑色等
　玉皮俏作动、植、山石是
　金元时期经典工艺特征。

G. 整器为高浮雕，镂雕，整
　个画面为一组图景，是辽
　金元时期典型的时代风格。

玉俏作群鹿山石柞树帽顶

金元时期。白色玉质。宽 4.2、高 3.9 厘米。现藏于中国国家博物馆。

◎ 器物详解

① 立雕。镂空。玉帽顶。情景式玉雕作品。六只神态各异的麋鹿在秋天金黄色柞树林里、山石上活动景象。

④ 阴刻菱形眼。

② 六只麋鹿部分为"肿骨鹿"，部分为无角鹿。

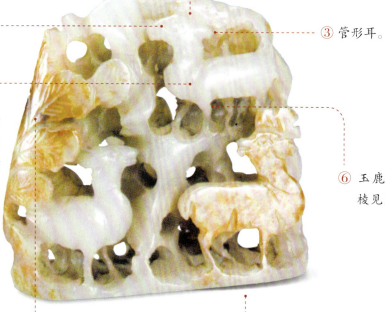

③ 管形耳。

⑤ 玉鹿体态健硕，胸肌丰满，颈部与前肢有一深刀作区隔。

⑥ 玉鹿肢体均见棱见角。

⑦ 洒金柞树叶，树叶平展，阴刻线饰叶脉。

⑧ 山石饰有若干不规则孔洞，孔洞呈多方向打钻，膛大洞小，不打磨。

◎ **副图**

副图 1　双鹿柞树纹玉饰　辽金
　　　　青色。高 6.7、宽 8.8、厚 2 厘米。现藏于天
　　　　津博物馆。

副图 2　卧鹿纹玉饰　金代
　　　　玉质青白色,有褐色沁。长 4.8、宽 3.4、厚 1.1
　　　　厘米。现藏于安徽省文物局。

副图 3　玉镂雕柞树鹿纹佩　金代
　　　　出自《斑斓璀璨——国家文物局扬
　　　　州培训中心教材》。

副图 4　玉镂雕柞树鹿纹佩　辽代
　　　　出自《斑斓璀璨——国家文物局
　　　　扬州培训中心教材》。

◎ **主要特征**

A. 情景式题材常见"肿骨鹿",
　 或无角幼鹿。
B. 玉鹿菱形眼,线条深。

C. 胸肌前挺,体态肥硕,颈
　 部与前肢区隔明显。
D. 玉鹿肢体均见棱见角,且

　 与四肢不成比例。
E. 山石"钻"多洞少。
F. 部分柞树叶长、薄,舒展。

主图 7

玉镂雕双鹿山石柞树带饰

金元。青色玉质。1 对。宽 3.9、高 6.6 厘米。现藏于中国国家博物馆。

◎ **器物详解**

① 立雕、镂空。双鹿带饰。情景式玉雕作品。山石上，柞树下，一对遥遥相望的玉鹿。

② 上下呼应的玉鹿，身体均浑圆丰满。

③ 四肢细瘦，与身体明显区隔。

④ 镂雕山石"肉"孔均匀。

⑤ 柞树叶疏朗，叶脉凹深。

⑥ 整器呈梯形，边缘锯齿状，侧面有横向矩形孔。

副图 5　"秋山"图玉佩　金代

玉质青色，局部有红褐色玉皮。长 6.5、宽 4.5、厚 1.6 厘米。现藏于故宫博物院。

副图 6　青玉镂雕仙人钮　金代

高 9.5、宽 7.5、厚 3.5 厘米。现藏于故宫博物院。

◎ 主要特征

A. 此期玉鹿体形略长，浑圆丰满，四肢细瘦。

B. 秋山题材器物，早期山石"肉"多"洞"少，晚期"肉""洞"均匀，至明代镂空过甚。

C. 柞树叶子短小，由两侧上翻。

D. 器物边缘锯齿状，以上特征应为元初风格。

主图 8
玉浮雕双鹿柞树菊花灵芝嵌饰

金元时期。白色玉质。高 3.5、宽 9.7 厘米。现藏于中国国家博物馆。

◎ **器物详解**

① 浮雕。双鹿佩饰。情景式玉雕作品。雌雄玉鹿前后相望，柞树、菊花、灵芝相伴其中。

② 雄鹿为"肿骨鹿"，雌鹿无角。

③ 双鹿体态健硕，腿细如丝。

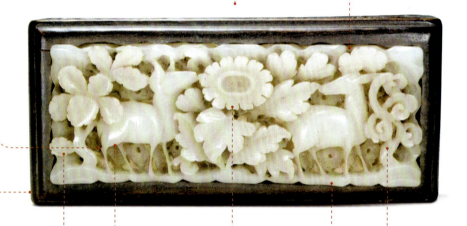

④ 细阴刻线表现鹿身上的短小皮毛。

⑤ 玉鹿右侧柞树，叶脉深凹。

⑥ 中央菊花，阔叶翻卷。

⑦ 右侧灵芝，镂空呈图案化。

⑨ 此器原为带板，后配木托，形成文玩小品。

⑧ 整器减地浮雕中央纹饰。

◎ **主要特征**

A. 玉鹿身形肥硕，四肢更加细瘦，比例严重失调；灵芝呈图案化等方面的变化，年代应为同时代晚期。

B. 辽金时期玉鹿、山石、柞树、灵芝标配图案，此期新增了菊花，且菊花在中央位置。

C. 植物叶子早期平展，此期叶脉深凹、翻卷，以上特征应为元早、中期风格。

主图 9

玉镂雕双鹿柞树菊花灵芝带饰（提携）

金元时期。白色玉质。长 8.8、高 5.5 厘米。现藏于中国国家博物馆。

◎ **器物详解**

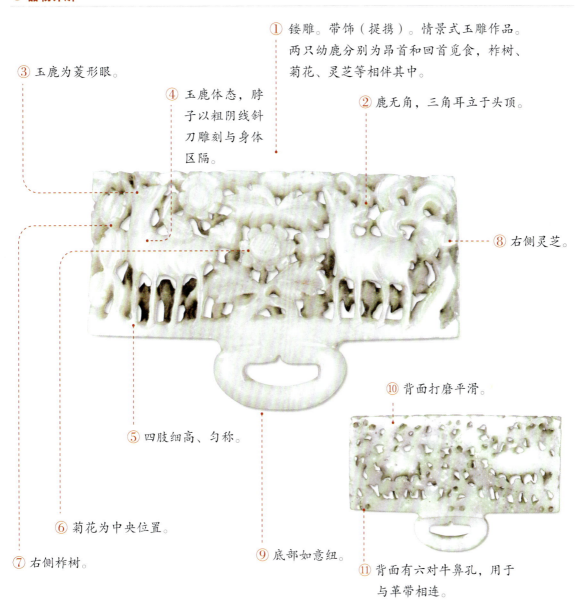

③ 玉鹿为菱形眼。

④ 玉鹿体态，脖子以粗阴线斜刀雕刻与身体区隔。

① 镂雕。带饰（提携）。情景式玉雕作品。两只幼鹿分别为昂首和回首觅食，柞树、菊花、灵芝等相伴其中。

② 鹿无角，三角耳立于头顶。

⑧ 右侧灵芝。

⑩ 背面打磨平滑。

⑤ 四肢细高、匀称。

⑥ 菊花为中央位置。

⑨ 底部如意纽。

⑦ 右侧柞树。

⑪ 背面有六对牛鼻孔，用于与革带相连。

◎ **主要特征**

A. 玉鹿无肌肉感，深刀斜刻，工艺粗犷。

B. 菱形眼，为金元时期玉鹿主要眼形。

C. 此期鹿纹，四肢外侧打磨光滑，内侧不做打磨，是此时期工艺特征。

D. 柞树缺乏生气，枝叶简陋，灵芝似树。

E. 镂雕部分"洞"多"肉"少。

F. 长方形带饰出廓如意绦环，也称提携，多见于唐、元两个时期。背面打磨光滑，并有牛鼻孔用于与革带相连。

小结

1. 整体造型

"秋山"题材多取自秋天山林中的景象。整体器形根据玉料随形而雕或呈三角形、圆形、长方形。动物造型多为蹲卧或俯卧的老虎、奔跑或跳跃的小鹿为主题纹饰，整体画面配以山石、柞树、飞雁、灵芝、花草等。

2. 头部造型和纹饰

玉鹿早期多为马鹿，中、晚期多"肿骨鹿"或幼鹿。鹿角大致有两种，一种似马鹿长角多歧，后耸；一种为灵芝短角，立耸。耳朵多为管形耳。眼睛多为菱形眼。嘴，或闭或微张，口裂处有短弧形阴线。

玉虎额部阴刻"八"字、"王"字纹等纹饰。耳主要为猫耳或椭圆形耳。眼睛，双目圆瞪，凸睛上饰瞳孔，后眼角上翘。嘴，鼻端略短，不与嘴部平齐。

3. 身体造型和纹饰

玉鹿身形苗条，四肢刻划写实，身体与四肢比例适中；金元时期体肥肌丰，四肢见棱见角，颈部与前肢区隔；元代体肥肌丰，四肢细若游丝，颈部与前肢区隔，身体与四肢比例严重失调；元末体态均匀，四肢长，直立，颈部与前肢斜刀区隔。

玉虎呈低首、肩部隆起，两前肢拢于胸前，尾翘起前弯，虎视眈眈，作觊觎状，绳形长尾甩于身后或盘于体侧。双阴刻线雕出虎 皮纹是辽金元时期"秋山"题材玉虎的共同纹饰。

4. 工艺和纹饰

"秋山"题材情景式玉雕作品，在玉料选择上常选用表面带有各种颜色的玉皮，多为和田玉籽料，大致有金黄、黄、黑色等玉，料留皮俏作，色彩斑斓；动植物错落有致；立雕、镂雕、高浮雕、俏作等工艺结合，使作品呈现出立体图画的艺术效果，是辽金元时期我国北方游牧民族"秋山"题材独特的工艺风格。

主要背景纹饰有山石、柞树、飞雁、灵芝、花草等。

山石：辽金时期山石基本不透；稍晚山石孔洞较少，边缘捯角，打磨光滑；金元时期山石孔洞较多，多方向，不打磨。孔洞需多次钻成，外大内小，留钻痕。背后打磨光滑。辽至元末表现为"实体山石→肉多于孔→肉洞均匀→洞多于肉"的发展脉络。

柞树：辽至元柞树早晚特征表现为平雕树叶—凹雕树叶。柞树叶子平雕，单阴线叶脉，边缘有齿纹；

灵芝：早期单头灵芝，多为虎伴灵芝；双头灵芝，多为鹿伴灵芝。双头灵芝，花形扁圆，纵向排列；晚期灵芝横向排列后发展为图案化，像树一样往高处发展，并伴随菊花出现。

元代动物造型与纹饰

简述

　　元代玉器在承继宋代玉雕工艺的基础上，融入了少数民族文化内涵，形成了具有自身特点的玉文化特色。题材内容丰富，图案民族特色鲜明，风格简练粗犷，注重深雕重刻和以钻代琢。元代玉器深具北方民族粗犷豪放的性格，讲究作品的气韵和粗放性，颇具元人健壮豪迈之气魄。

　　元代动物题材玉雕，多仿造唐宋造型，躯体丰满圆润，写实性强，但工艺制作简单粗犷。元代玉雕动物题材玉器出土不多，主要出土遗址有四川省成都市利民巷元代窖藏、陕西省西安市雁塔区东何家村、陕西省西安市未央区六村堡。本文其他收录元代玉器均为博物馆藏品，如中国国家博物馆、常熟博物馆等。

玉母子熊

金元。墨玉质。宽 3.8、高 4.8 厘米。现藏于中国国家博物馆。

◎ **器物详解**

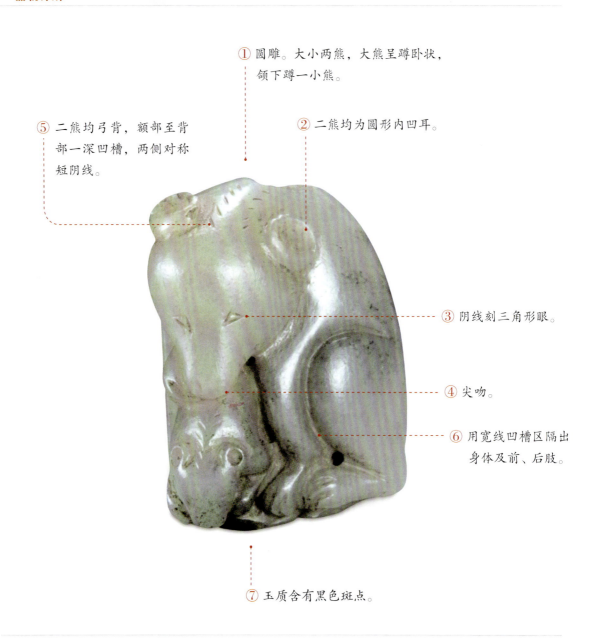

① 圆雕。大小两熊，大熊呈蹲卧状，颔下蹲一小熊。

② 二熊均为圆形内凹耳。

⑤ 二熊均弓背，额部至背部一深凹槽，两侧对称短阴线。

③ 阴线刻三角形眼。

④ 尖吻。

⑥ 用宽线凹槽区隔出身体及前、后肢。

⑦ 玉质含有黑色斑点。

◎ **主要特征**

A. 蹲卧状母子熊，为金元时期动物形玉器的主要造型之一。

B. 三角眼，为这一时期玉熊眼形之一。

C. 熊背部细密短小阴刻线饰熊皮毛，是宋辽金元时期表现玉熊皮毛的雕刻手法。

D. 金元时期特别是元代，常巧用白玉或青玉中含黑色斑点玉材。

主图 2
玉侧脸卧虎

金元。青色玉质。长 5.4、宽 2.2、高 2 厘米。现藏于中国国家博物馆。

◎ **器物详解**

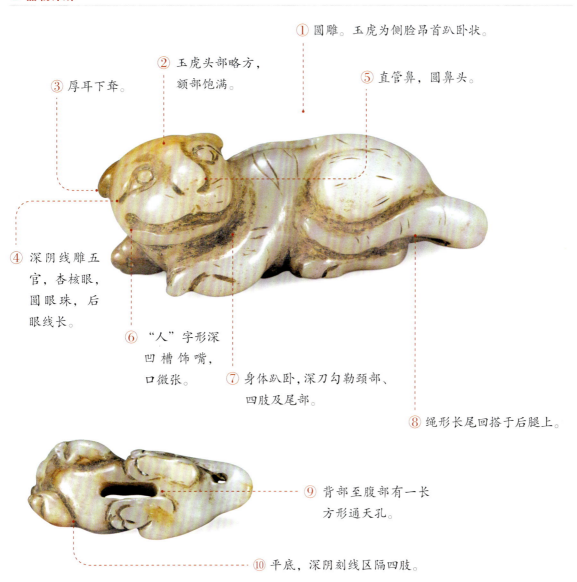

① 圆雕。玉虎为侧脸昂首趴卧状。

② 玉虎头部略方，额部饱满。

③ 厚耳下耷。

⑤ 直管鼻，圆鼻头。

④ 深阴线雕五官，杏核眼，圆眼珠，后眼线长。

⑥ "人"字形深凹槽饰嘴，口微张。

⑦ 身体趴卧，深刀勾勒颈部、四肢及尾部。

⑧ 绳形长尾回搭于后腿上。

⑨ 背部至腹部有一长方形通天孔。

⑩ 平底，深阴刻线区隔四肢。

◎ **主要特征**

A. 扭头侧脸趴卧圆雕动物是金元时期特有造型，并影响后代。

B. 整器以深刀勾勒，风格粗放，更符合元代工艺特征。

C. 金元时期圆雕玉虎身体上下有一长方形通天孔，孔中通常留有管钻痕迹，这是此时期玉器典型特征。

D. 圆雕俯卧形动物的底部以平底为多，有的光素，有的深刀或阴槽区隔四肢。

汉唐时期，汉代有的动物底部四肢多呈棱形。唐代部分动物（鹿）底部四肢顺向、微凸于两侧，中央平整。

元代动物造型与纹饰

211

主图 3

玉卧虎

元代。青白玉质。长 5、宽 2、高 2.5 厘米。现藏于中国国家博物馆。

◎ **器物详解**

① 圆雕，虎作俯卧状。

② 深凹阴线刻划五官，圆耳后抿微翘。

③ 额头阴刻倒尖弧纹。

④ 宽眉骨。

⑤ 细缝眼，圆睛。

⑥ 直鼻，略短。

⑦ "人"字形嘴，闭口。

⑧ 虎背间隔宽阔，阴刻双线虎皮纹。

⑨ 以深凹线雕刻身体各部轮廓。

⑩ 虎背至腹部有一上下贯通的扁长孔。

⑪ 底部平，中间凹槽较窄。

◎ **主要特征**

A. 深凹线雕刻五官及身体各部，线条粗糙，是元代与辽金时期玉虎的不同之处。

B. 玉虎圆耳。

C. 虎皮纹较辽金时期间隔宽阔。

D. 元代多见灰色玉料作品。

此类灰色玉料是元代玉材的特征。

主图 4
玉卧犬

元代。白色玉质。长 6.7、厚 2.7、高 2.3 厘米。现藏于常熟博物馆。

◎ 器物详解

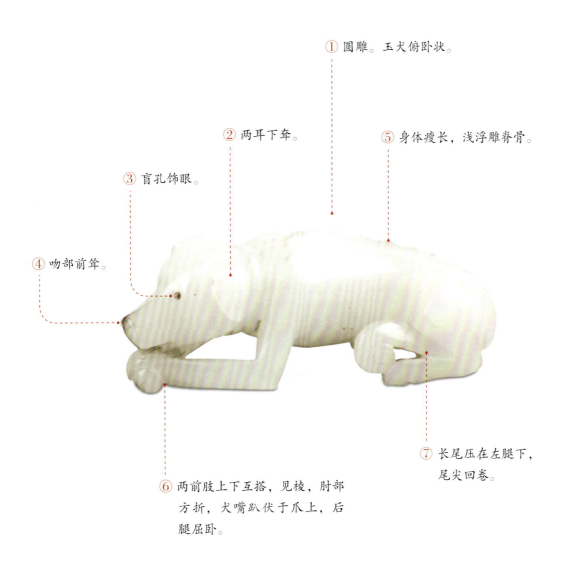

① 圆雕。玉犬俯卧状。

② 两耳下耷。

⑤ 身体瘦长，浅浮雕脊骨。

③ 盲孔饰眼。

④ 吻部前耸。

⑦ 长尾压在左腿下，尾尖回卷。

⑥ 两前肢上下互搭，见棱，肘部方折，犬嘴趴伏于爪上，后腿屈卧。

◎ 主要特征

A. 元代玉犬俯卧，前肢互搭，嘴趴爪上的造型，系沿袭宋代风格。但该犬前肢见棱，肘部生硬方折，与宋代玉犬细节上有很大不同；

该犬身体滚圆，与宋代玉犬瘦骨嶙峋肋骨毕露的造型也有不同。

B. 宋代犬尾多见甩在身后或身侧。该犬长尾压在腿下，

应是宋元过渡时期元代玉犬尾部造型。

C. 玉犬背部浅浮雕出脊骨，是宋元时期部分动物脊骨的雕刻方式。

玉卧鹿

元代。青色玉质。高 3.7、宽 3.3 厘米。四川省成都市利民巷元代窖藏出土，现藏于成都博物馆。

◎ **器物详解**

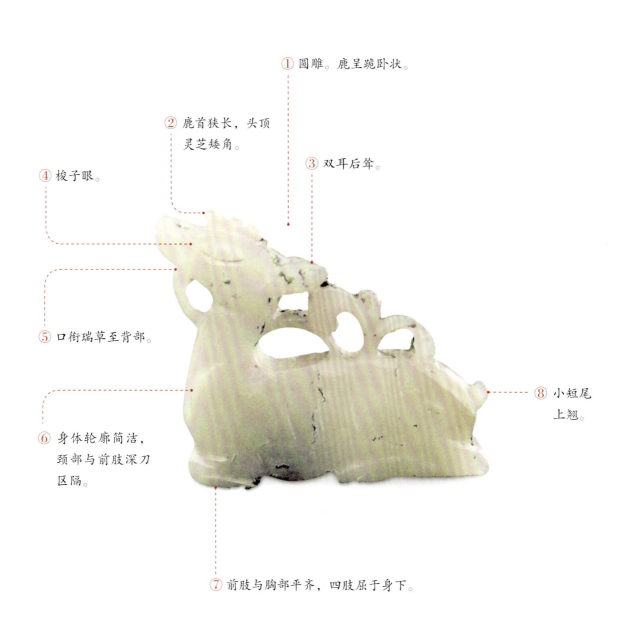

① 圆雕。鹿呈跪卧状。

② 鹿首狭长，头顶灵芝矮角。

③ 双耳后耸。

④ 梭子眼。

⑤ 口衔瑞草至背部。

⑥ 身体轮廓简洁，颈部与前肢深刀区隔。

⑦ 前肢与胸部平齐，四肢屈于身下。

⑧ 小短尾上翘。

副图 1　玉带铐　元代
出自《斑斓璀璨——中国历代
古玉纹饰图录》。

副图 2　玉卧鹿　元代
玉质白色。长 5.6、宽 5.5、
厚 1.9 厘米。现藏于杭州博
物馆。

◎ 主要特征

A. 玉鹿与吉祥瑞草合雕，唐代兴起，宋辽金元时期普遍流行。

B. 矮灵芝角、管形耳、梭子眼、昂首跪卧状造型，是元代玉鹿特有风格。

C. 元代玉鹿前肢与胸部近似平齐，与汉唐时期不同。

主图 6
玉回首侧脸卧马

元代。青白玉质，有墨点。长 5.1、高 3.1 厘米。现藏于中国国家博物馆。

◎ **器物详解**

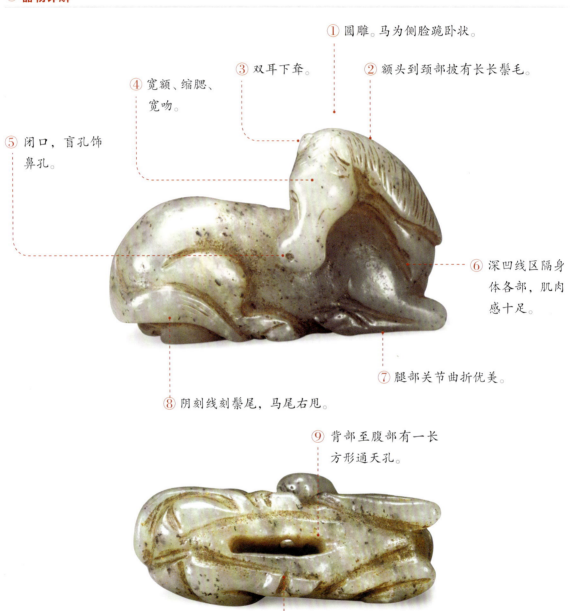

① 圆雕。马为侧脸跪卧状。

③ 双耳下耷。

② 额头到颈部披有长长鬃毛。

④ 宽额、缩腮、宽吻。

⑤ 闭口，盲孔饰鼻孔。

⑥ 深凹线区隔身体各部，肌肉感十足。

⑦ 腿部关节曲折优美。

⑧ 阴刻线刻鬃尾，马尾右甩。

⑨ 背部至腹部有一长方形通天孔。

⑩ 平底，深阴刻线区隔四肢。

◎ **主要特征**

A. 回首侧面卧马，是金元时期圆雕动物特有造型。

B. 使用重刀、深凹线雕刻动物肢体轮廓，最具元代工艺风格。

C. 长方形通天孔和平底，是唐至元时期动物类器物的特征。

主图 7
玉独角兽

元代。白色玉质。高 4.8、长 4、厚 1.5 厘米。陕西省西安市未央区六村堡出土。现藏于西安市文物保护考古研究院。

◎ **器物详解**

① 圆雕。独角兽昂首挺胸，呈站立状。

② 头部狭长，角端部上卷。

③ 有腮纹，双耳后抿。

④ 眉骨高，眼睛紧压眉骨之下。

⑤ 鼻上翘。

⑥ 张口露齿。

⑦ 垂髯贴胸。

⑧ 身体短粗，强壮。

⑨ 花形双翼。

⑩ 四爪拳攥。

⑪ 尾下垂。

◎ **主要特征**

A. 该独角兽沿袭古代辟邪造型，元明时期非常流行。与汉代辟邪凌厉凶猛的造型神态相去甚远。

B. 头部狭长，身体短粗，花形羽翼，四爪拳攥，均是元代独角兽的时代风格。

小结

1. 整体造型

元代玉雕动物以圆雕为主，主要呈俯卧状、跪卧状、回首侧脸卧状、站立状等造型。其中侧脸趴卧形玉虎是金元时期圆雕玉虎的一种新造型。

2. 头部造型和纹饰

角，元代有角动物常见鹿、牛等。其中鹿角为矮灵芝角，是元代玉鹿角部新造型。

耳部多为大耳、三角形耳、管形耳等。

眼睛主要为杏核眼、圆眼、梭子眼、凹坑眼等。

嘴部多为闭口。其中玉鹿常口衔瑞草，玉鹿与吉祥瑞草一起出现玉雕作品元代比较流行。

3. 身体造型和纹饰

元代玉雕动物身体造型在宋代玉雕动物基础上更加写实粗壮丰满，身体轮廓比较简洁，整体刻划较为粗糙，四肢多卧于身下。

4. 工艺和纹饰

元代玉雕器物多采用灰白相间质地的玉料。

元代玉雕动物常以深刀勾勒，风格粗放，善使用重刀深凹线雕刻动物肢体轮廓，用短小阴刻线饰动物皮毛。

元代动物常背部浅浮雕雕出脊骨，是宋元时期部分动物脊骨的雕刻方式。

金元时期圆雕动物身体上下常有一长方形通天孔，孔中通常留有管钻痕迹，这是此时期典型特征。

明代动物造型与纹饰

简述

明代随着商品经济的发达，明代玉器已由宋元时期的崇尚自然、追求艺术逐渐向商品化发展。在这种形势下，玉雕作品种类更加丰富，玉雕数量急剧增加。特别是富有民族特色的吉祥图案，极为盛行，寓意丰富，构思巧妙。无论是花草鱼虫还是飞禽走兽，均根据他们各自不同的生活环境和特性，赋予其各自不同的象征意义，从而使玉雕作品图必有意、意必吉祥。明代的玉雕动物作品更是种类繁多，形制各异。本文所采录的出土玉器主要出自北京市海淀区圆明园遗址、湖北省钟祥市梁庄王墓、贵州省贵阳市明墓等；传世玉器主要来自湖南省博物馆、湖北省博物馆、首都博物馆、故宫博物院等馆藏品。

主图1
玉浮雕蝙蝠瑞兽

明代。青白色玉质，上有黄褐色沁。长6.2、高3.4厘米。现藏于湖南省博物馆。

◎ **器物详解**

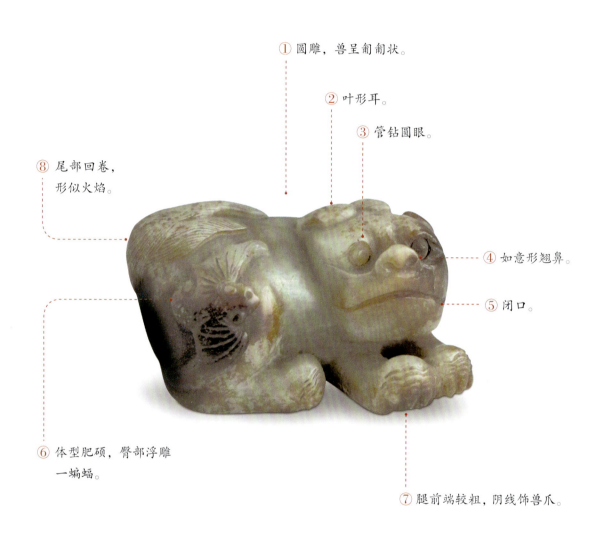

① 圆雕，兽呈匍匐状。

② 叶形耳。

③ 管钻圆眼。

⑧ 尾部回卷，形似火焰。

④ 如意形翘鼻。

⑤ 闭口。

⑥ 体型肥硕，臀部浮雕一蝙蝠。

⑦ 腿前端较粗，阴线饰兽爪。

◎ **主要特征**

A. 管钻圆眼，为明代玉兽普遍眼形，明显区别于唐宋时期桯钻盲孔凹坑眼。

B. 尾部呈火焰状，是明代玉兽常见尾形。

C. 在身体上雕刻蝙蝠、花卉等祥瑞之物，是明代动物题材主要特征。

D. 明清动物造型玉雕功用多为把玩或陈列。把玩件身体不再单独钻孔，会巧妙利用器形恰当的镂空部位佩挂。

主图 2
玉回首衔灵芝狮子

明代。青白色玉质。高 4.1、长 8、宽 3 厘米。现藏于湖北省博物馆。

◎ **器物详解**

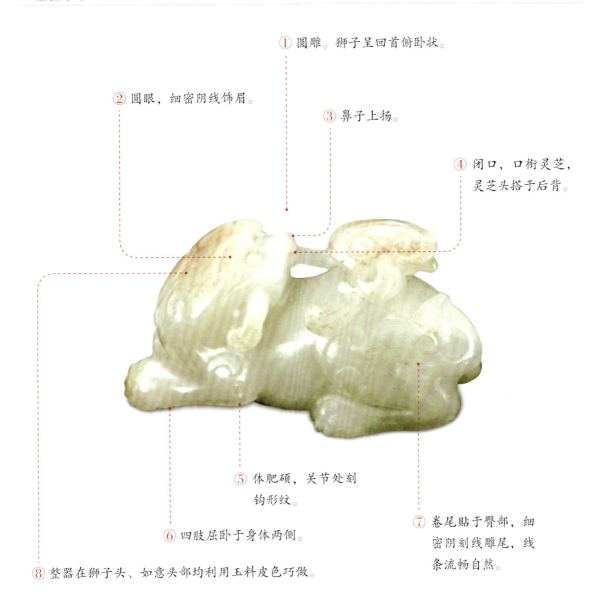

① 圆雕。狮子呈回首俯卧状。

② 圆眼，细密阴线饰眉。

③ 鼻子上扬。

④ 闭口，口衔灵芝，灵芝头搭于后背。

⑤ 体肥硕，关节处刻钩形纹。

⑥ 四肢屈卧于身体两侧。

⑦ 卷尾贴于臀部，细密阴刻线雕尾，线条流畅自然。

⑧ 整器在狮子头、如意头部均利用玉料皮色巧做。

◎ **主要特征**

A. 俯卧形，是明代狮虎题材玉器主要造型。

B. 玉狮眼睛为管钻圆眼，通常留有管钻痕迹。

C. 明代圆雕狮子通常口含灵芝等瑞草。

D. 在动物身体上雕刻如意云纹或祥瑞之意图案，是明代动物题材玉器主要特征。

E. 利用玉料本身皮色进行俏作在明代动物题材仍有传承，但逊色很多。

玉太狮少狮

明代。碧玉质。最宽 33、高 20 厘米。北京市海淀区圆明园遗址出土，现藏于首都博物馆。

◎ **器物详解**

① 圆雕。双狮俯卧状。大狮扭头俯卧，少狮俯于太狮身侧，仰视大狮。

② 狮头近似方圆形，头顶阴刻线雕出细密鬃毛。

③ 两耳下耷。

④ 阴刻线雕云纹眉。

⑤ 梭形眼压于眉下，阴刻眼球。

⑥ 如意形鼻头。

⑦ 阔嘴微张，阴刻线雕出上下两排牙齿。

⑧ 细阴线胡须飘于前胸。

⑩ 浮雕狮尾贴于臀部。

⑨ 身圆体厚，四肢俯卧于身下。

◎ **主要特征**

A. "狮"与"师"同音。古代官制有太师、少师。明清补服的补子绣有狮子，为二品武官。太狮少狮题材象征世世代代高官厚禄，流行于明清时期。

B. 明代瑞（猛）兽题材玉器通常眼睛雕出眼球，并深藏在眉下，呈眉压眼状。精气神却稍嫌不足。

C. 如意形鼻是明代承继宋代瑞兽的鼻形，并广泛使用。明代玉狮鼻部较大，较夸张。

D. 玉狮尾部浮雕贴在臀后，细密阴刻线雕出尾毛，过分图案化，毫无飘逸感，此雕刻手法应略晚于衔灵芝玉狮（主图 2），应是明清过渡期风格。

E. 明清动物题材器物，功用与唐宋时期不同，多为陈列玉。

主图 4

玉母子三狮

明代。灰白色玉质。高 3.6、宽 7 厘米。现藏于天津博物馆。

◎ **器物详解**

① 圆雕。卧式子母三狮。母狮胸前、背上各有一小狮。

② 大狮回首，浅浮雕五官。

③ 额头饰"V"字纹。

④ 双耳下耷。

⑤ 双眉弯曲凸起。

⑥ 双目圆瞪，目视前方。

⑦ 阳雕如意鼻。

⑧ 闭口。

⑩ 身侧饰飘带。

⑨ 腮纹弯曲细长。

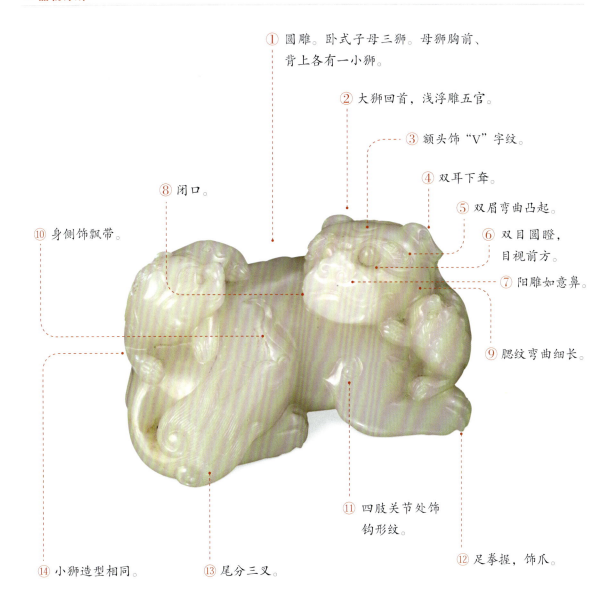

⑪ 四肢关节处饰钩形纹。

⑫ 足拳握，饰爪。

⑭ 小狮造型相同。

⑬ 尾分三叉。

◎ **主要特征**

A. 双狮、三狮造型明清时期盛行，汉代兽禽类子母题材就已出现，但不多见。

B. 玉狮，明清如意鼻，多阳雕或浅浮雕。

C. 宋代玉狮多见两道短、深腮纹。明清两道腮纹弯曲细长。

D. 明代动物题材工艺有粗细之分，浮雕五官，注重五官及身体细节。图案化，缺乏生动，是明代精工动物的造型特点。

玉回首侧脸卧马

明代。青色玉质。高4.5、长8.3、宽3.3厘米。现藏于故宫博物院。

◎ 器物详解

① 圆雕，马呈回首卧伏状。

② 额前及颈后鬃毛下垂，颈后鬃毛多组分束。

③ 小耳竖立。

④ 阴刻菱形眼。

⑤ 背部凸起脊线，胸与臀部肌肉丰满，造型写实逼真。

⑥ 右前蹄屈起踏地，余三足卧于腹下。

⑦ 长尾右甩。

副图 1 玉卧马 明代
　　黄色玉质。长 8、宽 2.9、高 4.5 厘米。现藏
于杭州博物馆。

副图 2 玉马 明代
　　碧色玉质,有黑色斑点。长 8.9、宽 3.3、
高 7.2 厘米。现藏于广东省博物馆。

◎ **主要特征**

A. 明代回首玉马基本沿袭宋元玉马造型。

B. 颈后鬃毛多组分束,是明代玉马主要特征。

C. 菱形眼,是明代玉马主要眼形。

D. 明代玉马四肢肌肉丰满背部凸起脊线,是明代圆雕动物躯体主要表现形式。

主图 6
玉卧牛

明代。绿色玉质。高8.5、长28厘米。现藏于首都博物馆。

◎ 器物详解

① 圆雕。玉牛俯卧。

② 双角内勾，角饰节纹。

④ 杏核眼。

③ 管形耳。

⑥ 玉牛背部表现出起伏的骨脊。

⑤ 吻部前凸，饰鼻孔。

⑦ 四肢屈卧。

⑧ 牛尾细长左甩。

⑨ 玉牛背部、腿部有短小阴刻线饰皮毛。

副图 3　玉卧牛　明代
黄色玉质。高 4.46、长 8.9、宽 6 厘米。现藏
于旅顺博物馆。

副图 4　玉卧牛　明代
青色玉质，长 6.1、宽 3.25、高 2.8 厘米，现
藏于杭州博物馆。

◎ 主要特征

A. 俯卧形玉牛是明代玉牛主要造型。

B. 牛角粗状，浅浮雕节纹，是明代玉牛角部主要雕刻手法。

C. 杏核眼是明代玉牛主要眼形。

D. 玉牛背部、腿部多用短阴刻线以饰皮毛，此为明代动物身体主要雕刻手法。

E. 背部浅浮雕雕刻出骨脊，为明代玉雕动物主要特征。

主图7
玉扭身卧羊

明代。青白玉质。高3.6、长3.5厘米。现藏于北京市文物研究所。

◎ 器物详解

① 圆雕。玉羊呈屈卧回首状，羊首卧于后腿之上。

② 玉羊面部中央呈一弧线，棱角分明。

③ 双角回卷，雕出节纹。

④ 小耳位于角中。

⑤ 阴刻线杏核眼，眼线长。

⑥ 阳线雕出上下唇，吻部内勾。

⑦ 身体弯屈度大。

⑧ 后肢较长。

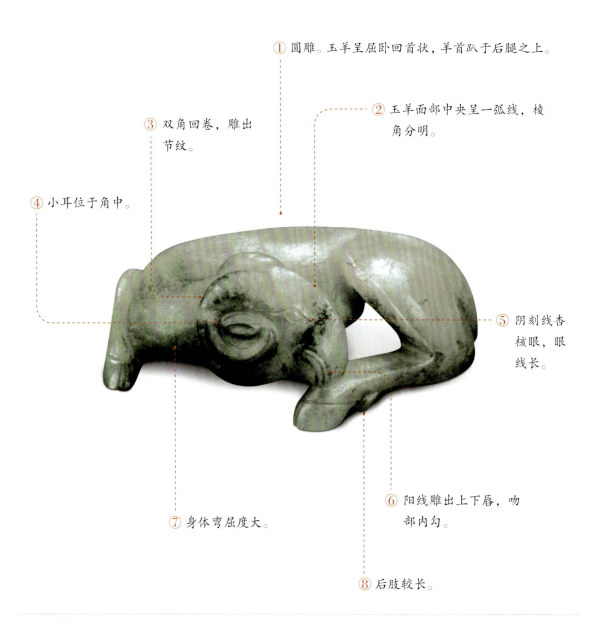

◎ 主要特征

A. 扭身回首状趴卧玉羊是明代玉羊精彩作品，造型写实，生动传神，别具一格。

B. 玉羊羊角回卷贴于头部两侧，角部雕节纹，为明代玉羊、玉牛角部主要造型。

C. 杏核眼是明代圆雕玉羊主要眼形。

主图 8
玉响铃回首卧犬

明代。青白色玉质。长 7.3、宽 2.4、高 3 厘米。现藏于故宫博物院。

◎ **器物详解**

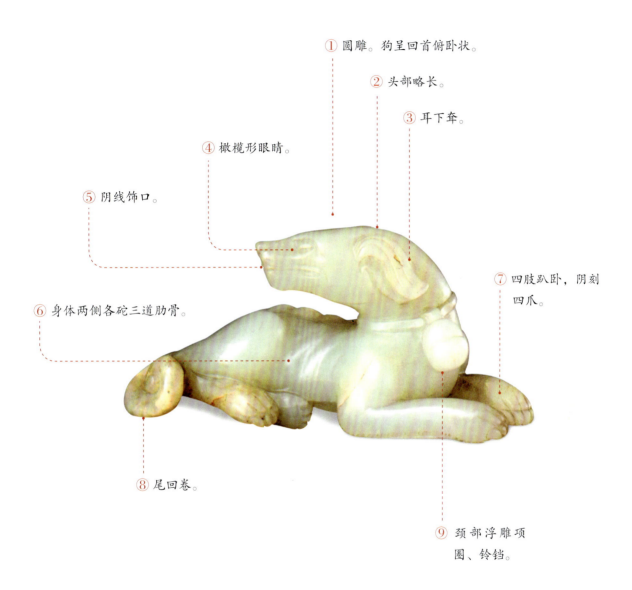

① 圆雕。狗呈回首俯卧状。
② 头部略长。
③ 耳下耷。
④ 橄榄形眼睛。
⑤ 阴线饰口。
⑥ 身体两侧各砣三道肋骨。
⑦ 四肢趴卧，阴刻四爪。
⑧ 尾回卷。
⑨ 颈部浮雕项圈、铃铛。

◎ **主要特征**

A. 橄榄形眼是明代玉犬主要眼形。
B. 玉犬身体两侧饰肋骨沿袭宋代装饰风格。但明代砣痕较为宽深。
C. 玉犬尾部回卷盘于臀后，此为明代玉犬尾形。
D. 明代开始注重对玉犬的装饰，胸前颈部开始雕刻铃铛、颈圈等装饰物。

主图 9
玉镂雕双鹿山子

明代。青色玉质。长 15.6、高 7、厚 3.9 厘米。安徽省灵璧县高楼公社窖藏出土，现藏于灵璧县文物管理所。

◎ **器物详解**

① 镂雕，两梅花鹿游栖山野间；山峦起伏。

② 左侧雌鹿呈俯卧回首状，中间玉鹿慢步于山上。两鹿回首相望，温馨吉祥。

③ 雌鹿无角，雄鹿为多歧角。

④ 双耳竖立。

⑤ 阴刻线菱形眼，眼角线稍长。

⑥ 阴刻线刻嘴，口衔瑞草，左右各雕一束灵芝。

⑦ 鹿身稍瘦，颈部较细，鹿身阴刻刻"米"字纹。

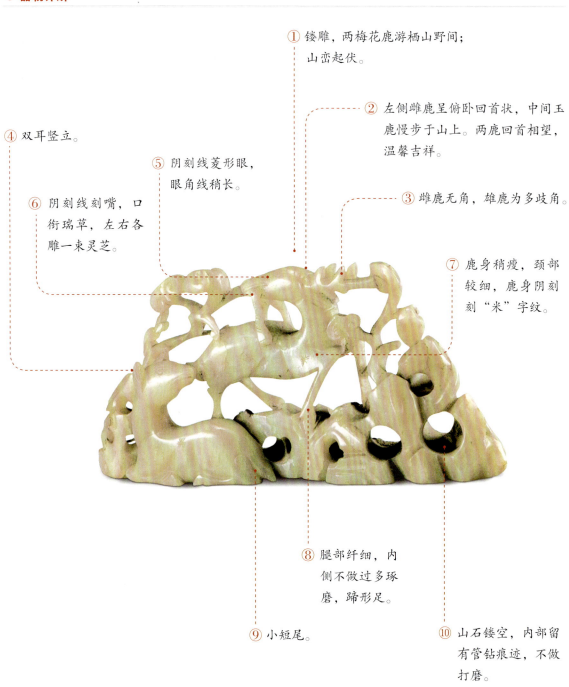

⑧ 腿部纤细，内侧不做过多琢磨，蹄形足。

⑨ 小短尾。

⑩ 山石镂空，内部留有管钻痕迹，不做打磨。

◎ **副图**

副图 5　鹤鹿纹玉笔架　明代
青色玉质。高 4、长 14.6 厘米。现藏于首都
博物馆。

副图 6　白玉鹤鹿同春摆件
长 164、宽 4.3、高 8.6 厘米。现藏于中国
国家博物馆。

副图 7　玉双鹿"寿"字纹带铐　明代
现藏于故宫博物院。

◎ **主要特征**

A. 明代玉鹿多为回首或行走状。

B. 玉鹿菱形眼、耳朵似兔耳，颈部较细，身体善用"米"字纹装饰，是明代肖生类玉器的特点。

C. 玉鹿腿部纤细，内侧不做打磨，是明代玉鹿腿部雕刻工艺特点。

D. 明代早中期玉鹿为蹄形足，晚期逐步变成"人"字形蹄。

E. 明代双鹿玉山子，为文房或陈列之用。

玉镂雕双兔望月嵌饰

明代早期。白色玉质。直径 5.5、厚 0.5 厘米。湖北省钟祥市梁庄王墓出土，现藏于湖北省文物考古研究所。

◎ **器物详解**

① 镂雕。玉兔一大一小，一回首，一昂首，双兔望月。

② 长耳向脑后方支起。

③ 浅浮雕杏核眼。

④ 阴刻线雕出三瓣嘴，腮部鼓起。

⑥ 玉兔身体后背、四肢用细密阴刻线饰皮毛。

⑤ 大兔前肢撑起身体，后腿卧于地上；小兔四肢伏于身下。

⑦ 整器镂雕祥云、茱萸，镂空处拉丝痕迹明显。

◎ **主要特征**

A. 明代开始出现双兔造型。
B. 杏核眼是明代玉兔主要眼形。
C. 动物四肢、颈下通常以短小阴刻线饰皮毛，整体雕刻自然灵动。

D. 明代动物常与花卉瑞草为伴。

E. 早期作品仍继元代中央纹饰突出边框的遗风，晚期逐渐与边框持平。

主图 11

金环玉兔耳饰

明代。白色玉质。通长8、高2.4厘米。北京市昌平区十三陵定陵地宫出土，现藏于定陵博物馆。

◎ **器物详解**

① 玉兔直立，作捣药状，挂在一金属钩下。

② 长耳竖立。

③ 兔眼镶嵌红宝石。

④ 兔身直立，耳后、背部、前胸、腿后均用短阴刻线饰皮毛。

⑤ 翘尾。

⑥ 双足站立。

⑦ 兔两前肢握一捣药杵，杵下为药罐。

⑧ 整器上镶嵌宝石，下金属嵌件镶嵌宝石。

◎ **主要特征**

A. 直立状，是明代出现玉兔造型。

B. 玉兔用镶嵌宝石饰眼睛，玉器镶嵌宝石工艺始见于唐代，明清时期仍然流行。

主图 12
玉浮雕五羊纹长方形带铐

明代。白色玉质。长 8.6、宽 6.3、厚 1 厘米。现藏于河北省民俗博物馆。

◎ 器物详解

① 板状。长方形，浮雕。5 只形态各异的山羊，或回头张望，或低头吃草，或游玩漫步，或口吐祥云，或口衔灵芝，画面生动。

② 羊头接近三角形。

③ 双角向脑后伸出。

④ 杏核眼。

⑤ 阴刻线饰嘴部。

⑥ 身体轮廓简约，身体边缘阴刻线饰皮毛。

⑦ 四肢匀称，后腿根处有较深砣痕。

⑧ 短尾。

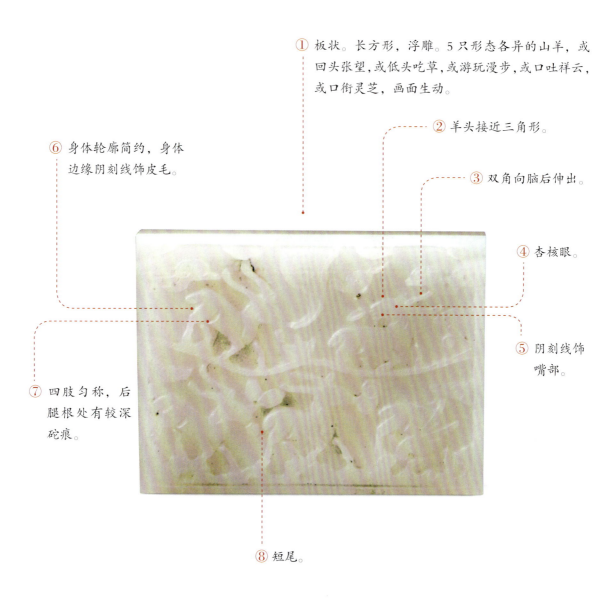

副图 8　三阳开泰纹玉带板　明代

青白色玉质。长 6.8、宽 4.8、厚 0.7 厘米。

现藏于安徽省文物局。

◎ **主要特征**

A. 整器玉羊和祥云瑞草为伴。此种图案是明代玉饰常见题材。

B. 玉羊四肢由上而下逐步变细，大腿和身体连接处有较深砣痕。此种雕刻方式是承继元代的工艺特征。

C. 玉羊周身轮廓边缘用阴刻线饰皮毛。寥寥几笔，写意风格，是明代工艺的主要特征。

主图 13
玉镂雕双鹿纹方形带銙

明代。白色玉质。长 7.1、宽 6、厚 0.6 厘米。现藏于杭州博物馆。

◎ **器物详解**

① 板状。方形，镂雕。主体纹饰为嬉戏双鹿。双鹿姿态优雅，前后照应，在松、竹、梅间穿行。底层为祥云纹。

② 玉鹿分别为站立回首状和站立低首状。

③ 角部雕刻简单，似冠状角。

④ 菱形眼。

⑤ 阴刻线饰嘴。

⑥ 身体刻划粗犷，轮廓边缘以及腿部布满细密阴刻线以示皮毛。

⑦ 四肢纤细，内侧不做打磨。

⑧ 整器镂空处留有"拉丝"痕迹。玉色晶莹，刀法细腻娴熟。单面工。

副图 9　双鹿纹玉带板　明代

白色玉质。长 7.2、宽 4 厘米。现藏于北京艺
术博物馆。

副图 10　玉镂雕寿鹿纹佩　明代

出自《斑斓璀璨——中国历代
古玉纹饰图录》。

◎ **主要特征**

A. 鹿和松竹梅等祥瑞花草组
　合成图案，是明代玉带铐
　常见题材。

B. 明代玉带饰中动物身体轮
　廓刻划简洁，细密阴刻线

做皮毛，是明代玉带饰中
动物纹主要特点。

C. "拉丝工"是古代玉器制
　作中用一种软性线具进行
　拉切、透雕或切割的技法

之俗称。明代镂空玉带铐
中普遍使用此种工艺，拉
丝痕迹明显。

小结

1．整体造型

明代玉雕动物，体态多仿宋代风格，整体造型多呈俯卧状、跪卧状、回首状等。除了传统动物题材外，明代开始流行"太师少师""双欢"等富有吉祥寓意题材动物造型。

2．头部造型和纹饰

有角动物主要为鹿、羊、牛等。

明代圆雕动物角部粗糙、抽象多浅浮雕节纹。带饰中玉雕动物角部刻划比较简单。

耳朵通常为小耳或长耳。

眼睛多为圆眼、杏核眼、菱形眼等。其中明代猛兽（狮、虎、瑞兽等），通常雕出眼球，并深藏在眉下成眉压眼状。

嘴部通常为阴刻线饰嘴，或闭或微张。动物通常口衔瑞草灵芝等祥瑞之物。

3．身体造型和纹饰

明代动物题材主要分为圆雕动物和器物上的动物纹饰两类。

（1）圆雕动物：

身体，肥硕，背部浅浮雕雕刻出骨脊。

在动物背部、腿部多用短阴刻线以饰皮毛，身上常雕刻如意云纹或祥瑞之意图案。

（2）器物上动物纹饰：

身体瘦长，刻划比较粗糙。

通常四肢、颈下用短小阴刻线饰皮毛。

身体善用米字纹做装饰。

4．纹饰和工艺

明代动物常与花卉、瑞草、祥云为伴，整体器物趋于图案化。在玉器用料上，常用白玉、青玉等玉料身皮色进行俏作。

明代善用宝石镶嵌工艺，此种工艺在明清时期较为流行。

明代常用阴刻、镂空、拉丝等工艺。

在带饰、山子上的动物纹，动物大腿和身体连接处有较深砣痕，此种雕刻方式是明代早中期带饰中动物常见工艺特征。

清代动物造型与纹饰

简述

　　清代动物题材玉器丰富广泛，以圆雕动物为主。此时期动物题材玉器用料优良，工艺精湛，题材新颖极富有生活情趣。清代动物题材玉器比较强调玉的质感、美感，注意身体各部位的起伏，对头部五官、足、尾刻划细致。清代动物题材玉器出土的不多，传世玉器居多，多为陈列玉。本文所采录的玉雕动物题材玉器均为首都博物馆、北京颐和园管理处、辽宁省博物馆、旅顺博物馆、杭州博物馆、山西博物院、苏州博物馆、湖北博物馆、故宫博物院、天津博物馆、等馆藏品。

玉衔绶带回首太狮少狮

清代。青白色玉质。长 11.7、宽 4.5、高 7.4 厘米。现藏于首都博物馆。

◎ **器物详解**

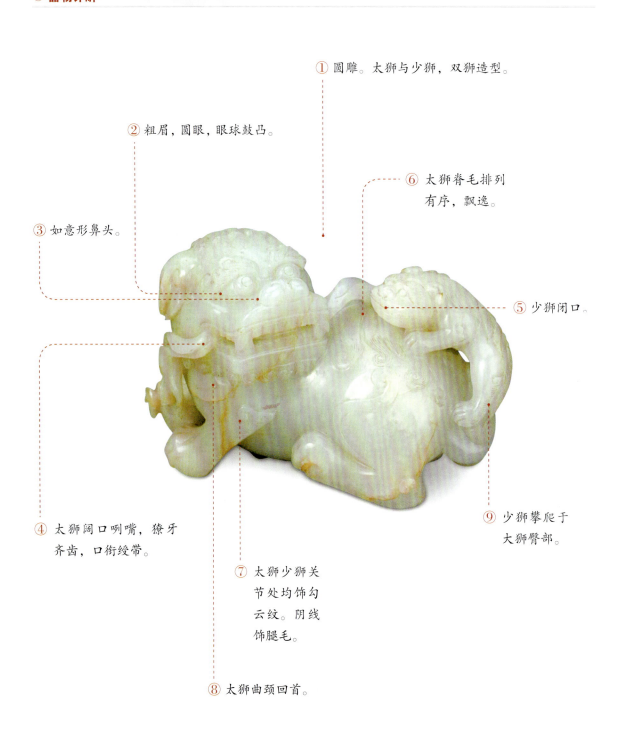

① 圆雕。太狮与少狮，双狮造型。

② 粗眉，圆眼，眼球鼓凸。

⑥ 太狮脊毛排列有序，飘逸。

③ 如意形鼻头。

⑤ 少狮闭口。

④ 太狮阔口咧嘴，獠牙齐齿，口衔绶带。

⑨ 少狮攀爬于大狮臀部。

⑦ 太狮少狮关节处均饰勾云纹。阴线饰腿毛。

⑧ 太狮曲颈回首。

◎ **副图**

副图 1　玉瑞兽（辟邪）　清代
白色玉质。长 7.6、宽 3.3、高 5.8 厘米。
现藏于河北省民俗博物馆。

副图 2　瑞兽形玉摆件　清代
青白玉质。长 6、高 3.5 厘米。现藏于北
京艺术博物馆。

◎ **主要特征**

A. 太狮少狮题材玉器象征世
代代高官厚禄，流行于明清
时期。
B. 圆眼且眼珠外凸，是清代

动物要眼部特征。
C. 狮子背后细密脊毛排列有
序，飘逸灵动，是清代玉
雕动物脊毛主要特征。

D. 狮子口衔绶带，身体雕祥瑞
图案，是清代动物玉器常见
特征。

主图 2
玉衔绶带太狮少狮

清代。青白色玉质。长 11.1、宽 6.8、高 9.4 厘米。现藏于杭州博物馆。

◎ 器物详解

① 圆雕。太狮少狮。

② 太狮昂首平视。

④ 太狮"肉髻"式毛发，排列有序。

⑤ 耳下耷。

⑥ 粗眉、圆目。

⑦ 如意形鼻头。

⑧ 口微张，两狮共衔一条绶带呈嬉戏状。

⑨ 脊毛细密，卷曲成束，排列有序。

③ 少狮抬首仰望。

⑩ 四肢俯卧于身下。

⑪ 三叉狮尾，飘逸灵动。

◎ 主要特征

A. 狮子头顶毛发雕刻排列有序似"肉髻"式毛发，是清代狮子主要特征。

B. 如意头大鼻是清代瑞兽主要鼻形。

C. 雕工细腻，细阴刻线一丝不苟，与前代短小阴刻线有质的区别。

D. 狮子绶带绣球题材始于唐宋时期，明清时期中较为流行。

主图 3
玉俏色戏球卧狮

清代。白色玉质。长 11.5、宽 6.8、高 6.5 厘米。现藏于北京颐和园管理处。

◎ **器物详解**

① 圆雕。俏色。狮身蜷卧。

② 耳下耷。

③ 圆眼压于眉下。

④ 如意形鼻头。

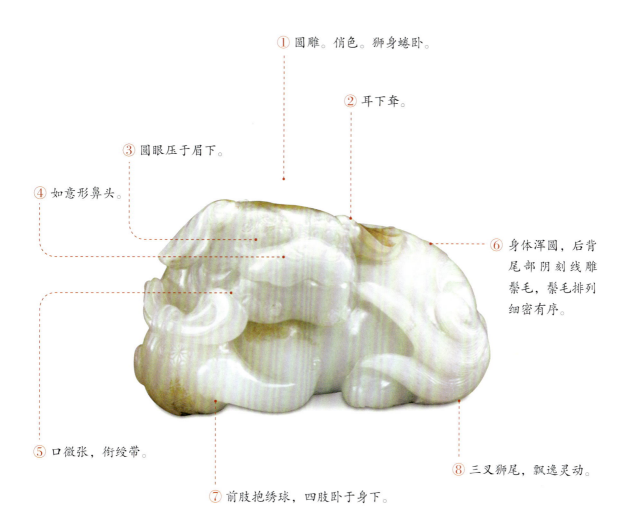

⑥ 身体浑圆，后背尾部阴刻线雕鬃毛，鬃毛排列细密有序。

⑤ 口微张，衔绶带。

⑧ 三叉狮尾，飘逸灵动。

⑦ 前肢抱绣球，四肢卧于身下。

◎ **主要特征**

A. 狮子头顶、绣球处利用玉料皮色俏作。皮色俏作是明清时期承继辽金时期工艺风格。

B. 狮尾多分三叉，阴线细密，灵动飘逸是清代玉狮尾部特征。

玉衔灵芝卧鹿

清代。白色玉质。长 13.6、宽 5.7、高 11.9 厘米。现藏于辽宁省博物馆。

◎ **器物详解**

① 圆雕，镂雕。鹿作昂首俯卧状。

② 杏核眼。

③ 浅浮雕鼻孔。

⑤ 身体肥硕，比例均匀。

④ 口衔灵芝，枝蔓过枝搭背。

⑥ 前肢屈起踏地，其他三肢折卧，雕出蹄足。

◎ **主要特征**

A. 杏核眼是清代玉鹿主要眼形。

B. 身体比例合适，肌肉饱满，通体琢磨光滑，是清代玉雕动物主要特征。

C. 镂空处打磨光滑细腻，不留痕迹，是清代镂空工艺的主要特征。

主图 5
玉太平有象

清乾隆年间。白色玉质，微透明，有瑕。高 12、长 13.5、宽 4.4 厘米。现藏于故宫博物院。

◎ **器物详解**

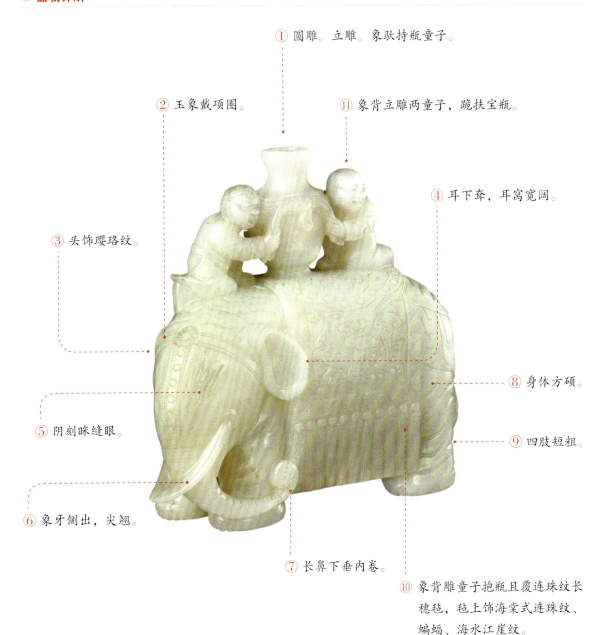

① 圆雕。立雕。象驮持瓶童子。

② 玉象戴项圈。

⑪ 象背立雕两童子，跪扶宝瓶。

④ 耳下耷，耳窝宽阔。

③ 头饰璎珞纹。

⑧ 身体方硕。

⑤ 阴刻眯缝眼。

⑨ 四肢短粗。

⑥ 象牙侧出，尖翘。

⑦ 长鼻下垂内卷。

⑩ 象背雕童子抱瓶且覆连珠纹长穗毡，毡上饰海棠式连珠纹、蝙蝠、海水江崖纹。

◎ **主要特征**

A. 立象驮瓶是传统吉祥题材，寓意"太平有象"。寓意吉祥题材是清代玉器的时代风格。

B. 玉象造型平面化、图案化。图案繁复，工不厌精，是清乾隆时期风格。清代动物题材玉雕，多为陈设用玉。

玉嵌宝石卧兔

清代。青色玉质。高 8.5、长 13.3、宽 5.1 厘米。现藏于故宫博物院。

◎ **器物详解**

① 圆雕。玉兔俯卧状。

② 双耳后奔。

③ 兔眼嵌粉碧玺。

⑧ 身着人工染色黄斑状皮毛。

④ 口衔灵芝。灵芝上嵌各色宝石。

⑥ 阴刻四爪。

⑦ 身体团卧，形象写实逼真。

⑤ 四肢卧于身下，用细密阴刻线饰皮毛。

副图3　玉兔　清代
　　长 5.6、宽 3.56、高 3.4 厘米。
现藏于杭州博物馆。

副图4　兔形玉鼻烟壶　清代
　　白色玉质，局部有黄色斑。高 7
厘米。现藏于首都博物馆。

◎ **主要特征**

A. 玉嵌宝石工艺始见于唐代。

B. 清代痕都斯坦玉雕作品也多见嵌宝石工艺。该器玉兔身上镶嵌多彩宝石，应是受其影响。

C. 以染色、火烤、油浸等工艺给玉石着色，从宋代开始流行。清代常见染色器物，该器身上的黄色斑点即是人工染色而成。

D. 玉兔整体雕刻形象逼真写实，并利用玉石本身皮色进行俏作，玉料精良，工艺考究，应为皇家陈设用玉。

主图 7
玉回首卧马

清乾隆年间。青色玉质。长 13.8、高 7.8、宽 8.3 厘米。现藏于故宫博物馆。

◎ **器物详解**

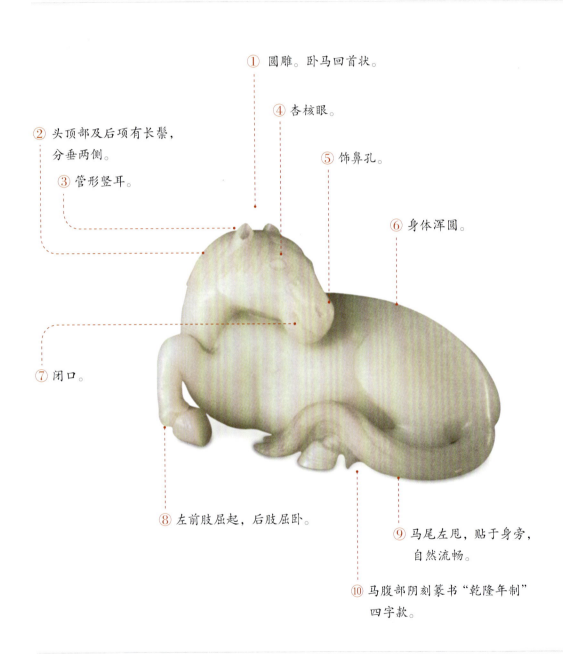

① 圆雕。卧马回首状。

④ 杏核眼。

⑤ 饰鼻孔。

⑥ 身体浑圆。

② 头顶部及后项有长鬃，分垂两侧。

③ 管形竖耳。

⑦ 闭口。

⑧ 左前肢屈起，后肢屈卧。

⑨ 马尾左甩，贴于身旁，自然流畅。

⑩ 马腹部阴刻篆书"乾隆年制"四字款。

◎ **主要特征**

A. 回首俯卧状是清代玉马主要造型。

B. 五官精致，毛发一丝不苟。

C. 身体曲线合理，四肢、足蹄刻划精准，马尾自然流畅，具有清代皇家用玉风范。

D. 此玉马腹部有"乾隆年制"四字篆书款，应为清宫旧藏。

主图 8
玉母子卧马

清代。白色玉质。长 10.1、宽 3.42、高 5.15 厘米。现藏于旅顺博物馆。

◎ **器物详解**

① 圆雕。双马呈跪卧状。

② 马额、颈部细密阴刻线饰鬃毛。

③ 耳竖立，前倾。

④ 菱形眼。

⑤ 鼻梁较高，凹圆鼻孔。

⑥ 阴刻线饰口。

⑦ 双马四肢均折卧于身下。

⑧ 马尾左甩。

⑨ 小马五官及造型，基本与大马相同。

◎ **主要特征**

A. 跪卧状玉马是清代圆雕玉马主要造型。

B. 菱形眼是清代玉马主要眼形。

C. 清代玉马凹坑鼻孔。

D. 母子卧马明清时期均少见，母子熊、母子鹿、母子虎有之，明代母子狮子最为多见。

主图9
玉马上封侯带扣

清代。青白玉质。长8.6、宽5.6、高1.8厘米。现藏于山西博物院。

◎ 器物详解

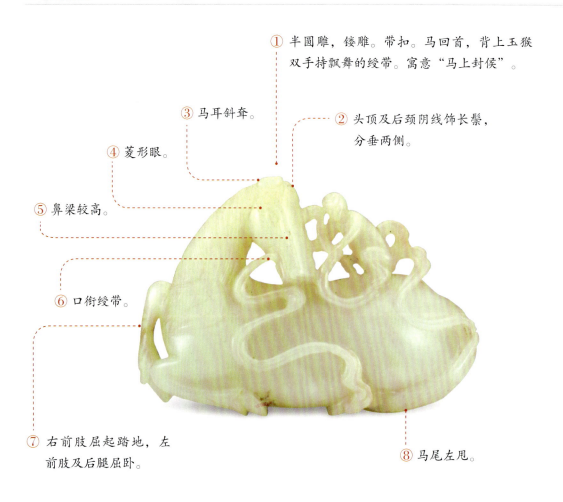

① 半圆雕，镂雕。带扣。马回首，背上玉猴双手持飘舞的绶带。寓意"马上封侯"。

③ 马耳斜耸。

② 头顶及后颈阴线饰长鬃，分垂两侧。

④ 菱形眼。

⑤ 鼻梁较高。

⑥ 口衔绶带。

⑦ 右前肢屈起踏地，左前肢及后腿屈卧。

⑧ 马尾左甩。

⑨ 背面有一圆形纽及龙首钩。

◎ **副图**

副图 5　墨玉洗马摆件　清中期
长 15、宽 3.5、高 10 厘米。现藏
于苏州博物馆。

◎ **主要特征**

A. "马上封侯"题材为中国
传统吉祥图案，寓意加官
进爵。明清时期较为流行。

B. 马身背面有一圆形纽及龙首
钩应用于带扣。用玉雕动物
作为钩体图案，在明清时期
较为流行。

主图 10
玉立牛

清中期。青玉。长 11.5、宽 4.5、高 8 厘米。现藏于故宫博物院。

◎ **器物详解**

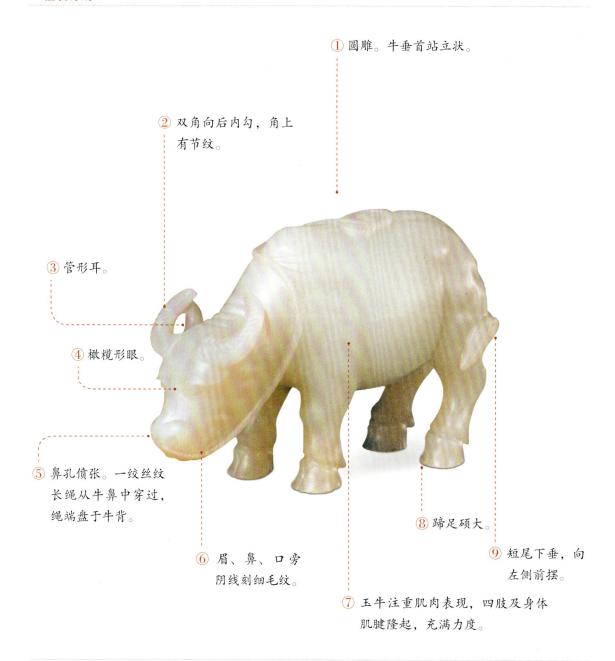

① 圆雕。牛垂首站立状。

② 双角向后内勾，角上有节纹。

③ 管形耳。

④ 橄榄形眼。

⑤ 鼻孔偾张。一绞丝纹长绳从牛鼻中穿过，绳端盘于牛背。

⑥ 眉、鼻、口旁阴线刻细毛纹。

⑦ 玉牛注重肌肉表现，四肢及身体肌腱隆起，充满力度。

⑧ 蹄足硕大。

⑨ 短尾下垂，向左侧前摆。

◎ **主要特征**

A. 眉、鼻梁嘴旁阴线刻细毛纹，是清代玉雕动物主要装饰手法。

B. 清代玉牛鼻孔多系绳。
C. 清代绞丝纹牵牛绳均匀细腻，精雕细刻。

D. 立牛、卧牛、耕牛、牧牛等造形清代均见。

主图 11
玉童子牧牛

清代。白玉质。高 14.7、宽 15 厘米。现藏于天津博物馆。

◎ 器物详解

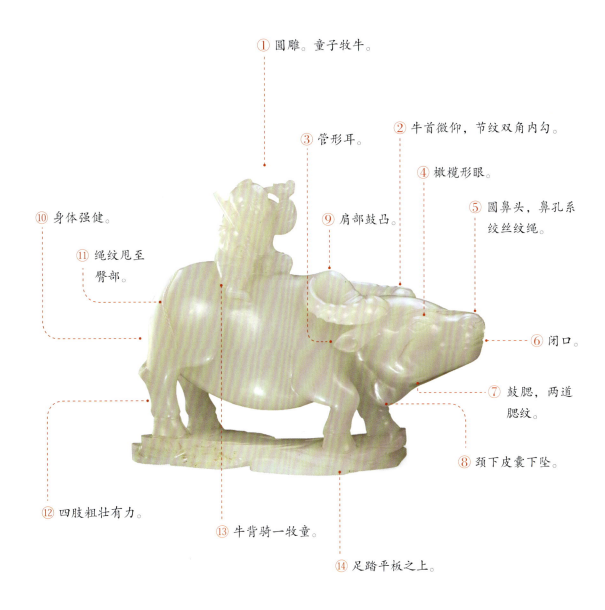

① 圆雕。童子牧牛。

② 牛首微仰，节纹双角内勾。

③ 管形耳。

④ 橄榄形眼。

⑤ 圆鼻头，鼻孔系绞丝纹绳。

⑥ 闭口。

⑦ 鼓腮，两道腮纹。

⑧ 颈下皮囊下坠。

⑨ 肩部鼓凸。

⑩ 身体强健。

⑪ 绳纹甩至臀部。

⑫ 四肢粗壮有力。

⑬ 牛背骑一牧童。

⑭ 足踏平板之上。

◎ **主要特征**

A. 眼、鼻、口阳线勾边，精工细作。

B. 肌肉丰满，但与唐宋时期骨感不同。

C. 清代绳纹刻划得工整精致，一丝不苟。

D. 童子牧牛题材清代甚为流行。

青金石牧童戏牛

清中期。颜色深蓝，有金星斑。高 4.4、长 6.5、宽 5.3 厘米。
现藏于故宫博物院。

◎ 器物详解

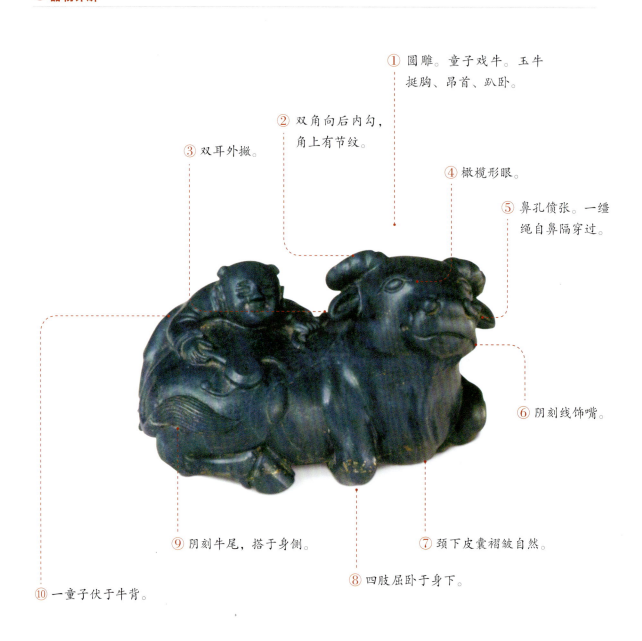

① 圆雕。童子戏牛。玉牛
挺胸、昂首、趴卧。

② 双角向后内勾，
角上有节纹。

③ 双耳外撇。

④ 橄榄形眼。

⑤ 鼻孔偾张。一缰
绳自鼻隔穿过。

⑥ 阴刻线饰嘴。

⑨ 阴刻牛尾，搭于身侧。

⑦ 颈下皮囊褶皱自然。

⑧ 四肢屈卧于身下。

⑩ 一童子伏于牛背。

副图 6　白玉雕牧童骑牛摆件　清中期
青玉。长 14.8、宽 9、高 4 厘米。
现藏于苏州博物馆。

副图 7　白玉雕双牛摆件　清中期
青玉。长 13、宽 9、高 6.5 厘米。
现藏于苏州博物馆。

◎ **主要特征**

A. 俯卧状玉牛，是清代玉牛主要造型。

B. 双角有节纹，是清代玉牛、玉羊角部主要特征。

C. 牧童骑牛题材是中国传统吉祥图案，流行于明清时期。

主图 13
和田玉三羊开泰

清中期。白色玉质。高 7.7、宽 13.4 厘米。现藏于天津博物馆。

◎ **器物详解**

① 圆雕。三羊相倚而卧，一大两小。

② 羊角向头后弯曲，角上有节纹。

③ 管形耳在角下向左右分出。

④ 杏核眼。

⑤ 鼻梁较高，凹圆鼻孔。

⑥ 阴刻线饰嘴，微闭。大羊口吐流云及阴阳鱼。

⑦ 四肢屈卧于身下。

⑧ 两只小羊形态各异，与大羊相依。

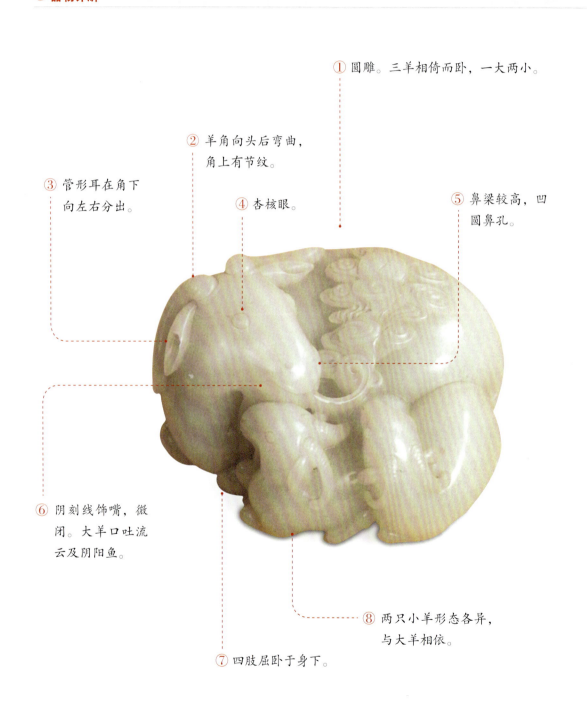

副图 8　和田玉三羊开泰镇尺　清中期
青色玉质。长 16.6、宽 16.2、高 10.3 厘米。
现藏于故宫博物院。

副图 9　玉三羊开泰　清代
白色玉质。长 15.7、宽 6.5、高 9.8 厘米。
现藏于开封市博物馆。

副图 10　玉三羊开泰　清代
白色玉质。长 5、高 4.4 厘米。现藏于首都
博物馆。

◎ 主要特征

A. 杏核眼是清代玉羊、玉牛、玉犬、玉骆驼等肖生类器物的主要眼形。

B. 管形耳是清代玉羊、玉牛的主要耳形。部分玉马也饰管形耳但较短。

C. 角雕节纹，是清代玉羊、玉牛的角部特征。

D. "羊""阳"谐音，以"三羊"取意于"三阳开泰"，是清代盛行的吉祥图案。该器是请中期典型作品。

清代动物造型与纹饰

257

玉卧犬

清代。白色玉质。长 3.7、宽 1.4、高 1.3 厘米。现藏于西安市文物保护考古研究院。

◎ 器物详解

① 圆雕。玉犬昂首俯卧状。

② 双耳下耷。

③ 杏核眼。　④ 凹坑鼻。

⑤ 阴刻线饰嘴。

⑧ 尾巴向上，尾端卷起。

⑥ 体态结实。

⑦ 四肢卧于身下，握爪。

中国古玉图鉴·动物造型与纹饰

◎ 主要特征

A. 俯卧玉犬是清代玉犬常见造型。

B. 玉犬杏核眼。

C. 体态结实，刻划简约准确。

主图 15
玉团身骆驼

清中期。黄色玉质。高6、底径8.2～11.4厘米。现藏于故宫博物院。

◎ **器物详解**

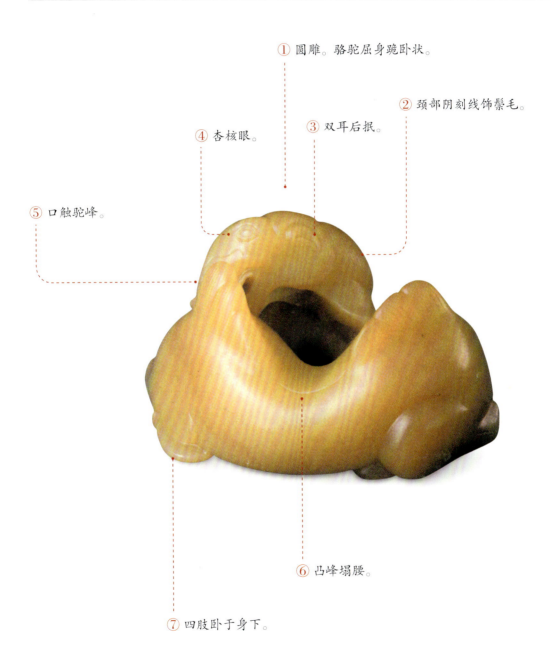

① 圆雕。骆驼屈身跪卧状。

② 颈部阴刻线饰鬃毛。

③ 双耳后抿。

④ 杏核眼。

⑤ 口触驼峰。

⑥ 凸峰塌腰。

⑦ 四肢卧于身下。

◎ **主要特征**

A. 清代骆驼多见杏核眼。

B. 该整器生动写实,造型奇特,

C. 此器选用黄玉,质地精良,是清代玉雕动物之精品。

打磨光滑圆润应,是清代宫廷用玉。

玉双獾

清代。白色玉质。高 5、宽 3.7、厚 1.6 厘米。现藏于湖北省博物馆。

◎ 器物详解

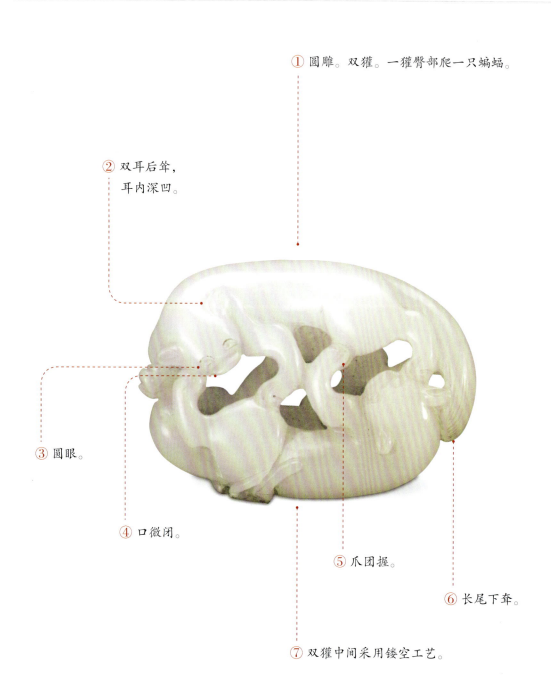

① 圆雕。双獾。一獾臀部爬一只蝙蝠。

② 双耳后耸，耳内深凹。

③ 圆眼。

④ 口微闭。

⑤ 爪团握。

⑥ 长尾下耷。

⑦ 双獾中间采用镂空工艺。

副图 11　碧玺双獾　清代

红色碧玺。长 7.15、宽 3.37、厚 2.05 厘米。
现藏于旅顺博物馆。

副图 12　翡翠双獾　清代

绿色翡翠质。长 7.55、宽 3.43、厚 1.6 厘米。
现藏于旅顺博物馆。

◎ **主要特征**

A. 耳内深凹是清代双獾耳形
特征。

B. 小圆眼是清代双獾多见眼形。

C. 双獾身体瘦长，打磨光滑，

双獾之间采用镂空工艺，是
清代双獾主要工艺特征。

D. 双獾题材是中国传统吉祥
图案，为馈赠新婚夫妇的

礼品。

E. 清代双獾题材作品多采用
和田玉籽料雕刻而成。

小结

1. 整体造型

清代动物纹饰玉器题材广泛，雕琢精致。玉雕重整体比例、结构和动态，十分强调细致部位的具体刻划。整体多呈俯卧状、跪卧状、回首状、站立等。除了传统动物题材外，清代较为流行太狮少狮、双獾、马上封侯、童子牧牛等富有吉祥寓意题材动物造型。

2. 头部造型和纹饰

清代玉雕动物头部造型写实逼真，表情祥和恬静。

角，清代玉雕动物角部多从脑后向后伸出，并雕有节纹。

耳朵，清代玉雕动物耳朵主要为管形耳、小耳等。

眼睛主要为杏核眼、菱形眼、圆眼等，并以阴刻线表现眼眉。

鼻，主要有凹坑鼻、如意头大鼻等。

嘴，微张或闭口。瑞兽类玉雕用阴刻线雕刻牙齿，排列整齐。清代玉雕动物部分衔有绶带绣球或灵芝。

3. 身体造型和纹饰

清代玉雕动物身体比例适中，造型敦厚结实有力，形制规整。

清代玉雕动物俯卧或直立，雕出蹄足或爪子，整体造型风格较为写实。

常用细密短阴线做动物皮毛。

4. 工艺和纹饰

清代玉雕动物题材纹饰运用丰富，动物常与吉祥图案纹饰为伴。较为常见的图案纹饰包括祥云、瑞草、灵芝、绣球等等。

工艺方面，清代玉雕动物善用嵌宝石工艺，该始见于唐，至清又受到痕都斯坦玉器的影响，在清代较为流行。

清代玉雕动物常用阴刻、镂空、圆雕、打磨、浮雕等工艺，其中清代玉雕工艺主要特点是在器物镂空处打磨光滑，不留镂空痕迹。器体周身注重肌肉力量感的雕刻，整体打磨光滑圆润。

清代常见人为着色器物，通常以染色、火烤、油浸等工艺手法给玉石上色，并且这类器物颇受追捧。

参考书目

国家文物局扬州培训中心编，张永昌主编：《斑斓璀璨——中国历代古玉纹饰图录》，1989年。

中国文物信息咨询中心编著，张永昌、云希正编：《中国古代玉器艺术》，人民美术出版社，2004年。

中国玉器全集编辑委员会编：《中国美术全集·玉器卷（上、中、下）》，河北美术出版社，1989年。

杨伯达主编：《中国玉器全集》1~6卷，河北美术出版社，1993年。

国家文物局文物鉴定委员会编：《文物藏品定级标准图例·玉器卷》，文物出版社，2006年。

孙机著：《中国古舆服论丛》，文物出版社，2001年。

孙机著：《汉代物质文化资料图说（增订本）》，上海古籍出版社，2008年。

古方主编：《中国出土玉器全集》，科学出版社，2005年。

古方主编：《中国传世玉器全集》，科学出版社，2010年。

古方主编：《中国古玉图典》，文物出版社，2007年。

杨建芳师生古玉研究会编著：《玉文化论丛1》，文物出版社、众志美术出版社，2006年。

杨建芳师生古玉研究会编著：《玉文化论丛2》，文物出版社、众志美术出版社，2009年。

杨建芳师生古玉研究会编著：《玉文化论丛3》，文物出版社、众志美术出版社，2009年。

杨建芳著：《中国古玉研究论文集》，众志美术出版社，2010年。

杨建芳著：《中国古玉研究论文集续集》，文物出版社，2012年。

杨建芳著：《中国古玉论文选集》，众志美术出版社，2017年。

中国历史研究院考古研究所编：《殷墟妇好墓》，文物出版社，1980年。

刘云辉编：《陕西出土汉代玉器》，文物出版社、众志美术出版社，2009年。

安徽省文物局编：《安徽省出土玉器精粹》，众志美术出版社，2004年。

孙庆伟著：《周代用玉制度研究》，上海古籍出版社，2008年8月。

山东省文物考古研究所、德州文化局、济南市文物局、济阳县文化局编著：《山东济阳刘台子玉器研究》，众志美术出版社，2010年。

孙庆伟著：《周代用玉制度研究》，上海古籍出版社，2008年。

那志良著：《中国古玉图释》，浙江人民美术出版社，2010年。

杨伯达著：《杨伯达论玉——八秩文选》，紫禁城出版社，2006年。

徐晓东著：《辽代玉器研究》，紫禁城出版社，2003年。

上海市文物管理处：《上海出土唐宋元明清玉器》，上海人民出版社，2001年。

上海博物馆编：《中国隋唐至清代玉器学术研讨会·论文集》，上海古籍出版社，2002年。

张尉著：《上海博物馆藏品研究大系·中国古代玉器》，上海人民出版社，2009年。

薛贵笙主编：《中国古玉赏鉴》，上海科学技术出版社，1996年。

张明华著：《中国玉器发现与研究100年》，上海书店出版社，2004年。

天津博物馆编：《天津博物馆藏玉》，文物出版社，2012年。

尤仁德著：《古代玉器通论》，紫禁城出版社，2002年。

苏州博物馆、苏州文物商店编著：《古玉发微》，文物出版社，2015年。

常素霞著：《中国古代玉器图谱》，金城出版社，2010年。

常素霞著：《中国玉器发展史》，科学出版社，2009年。

李林娜主编：《南越藏珍》，中华书局，2005年。

喻燕姣主编：《湖南出土珠饰研究》湖南人民出版社，2018年。

离银德著：《中国玉器通史·秦汉卷》，海天出版社，2014年。

李泽厚著：《美的历程》，广西师范大学出版社，2001年。

后　记

《中国古玉图鉴》，蹉跎七年终成此套书。

七年时间里，从整个篇目框架的搭建到图文组织，从古玉标准器的遴选和图片的择选，到图说文字的撰写修订，均反复讨论、细致推敲。最终确定800余件玉器，确定近千件主、副图，按组玉佩、玉龙、玉人、玉蟠螭、玉动物等主题形成五个分册。

两千多个日日夜夜，此套书编撰便是我生活的主题。数以千万次的不断补充、调整、订正过程中，废寝忘食，常常是不知不觉到天明。在此，我要介绍几位和我一起并肩战斗的年轻学者：中国国家博物馆毕海、张米，首都博物馆杜晓君，浙江省博物馆张丽明。回首此间，满是静水流深的情意和全力以赴的担当。七年来，他们与我紧密团结，做了大量基础性工作，付出大量心血和辛劳，可圈可点，功不可没。

在编写过程中，得到了文物出版社社长张自成，中国文物报社原社长彭常新，中国书法出版社总编辑汪菊平，国家文物鉴定委员会委员、上海博物馆研究馆员许永翔，国家鉴定委员会委员、辽宁省文物考古研究院研究员郭大顺，国家文物鉴定委员会委员、故宫博物院研究馆员张广文，山西省考古研究院研究员吉琨璋，国家文物鉴定委员会委员、苏州文物商店杨振华，中国国家博物馆王芬、杜为民，中国现代文学馆王磊等诸多领导、同仁和好友的大力支持，或指导业务，或提供资料，或给予方便，或热情鼓励，都是我七年来勉力坚持的不懈动力。

图鉴，通过图解彰显知识，版式编排极为烦琐，是文物出版社印刷厂制版部袁心得、刘瑾、成二萌、李宗旭、邱佳森等和装帧设计师谭德毅不厌其烦，反复修改，细微修订，贡献心力——七年的陪伴与交流，我们渐渐处成了亲如一家的朋友。还有我的先生陈胜利，七年如一日地给予慰藉与鼓励，还贡献了他朴拙稚气的处女作——《组玉佩》封面用图。

在此，对所有支持和关心本套书的领导、专家、同仁、亲朋致以最诚挚的感谢！

心有宏愿，奈何学力不逮，付梓之时，心仍惴惴，恳切祈望业内专家学者和广大读者，对本书不足之处给予宽容理解并不吝赐教——鄙人将永铭于内。

中国古玉文化博大精深，愿本书的出版能为弘扬传统文化做出点滴贡献。

于卓思

2021年仲秋